一开口就让人喜欢你

刘少影　编著

中国出版集团　现代出版社

图书在版编目（CIP）数据

一开口就让人喜欢你 / 刘少影编著 . -- 北京：现代出版社，2019.1

ISBN 978-7-5143-7237-3

Ⅰ . ①一…　Ⅱ . ①刘…　Ⅲ . ①语言艺术－通俗读物　Ⅳ . ① H019-49

中国版本图书馆 CIP 数据核字（2018）第 157112 号

一开口就让人喜欢你

作　　者　刘少影
责任编辑　杨学庆
出版发行　现代出版社
通讯地址　北京市安定门外安华里 504 号
邮政编码　100011
电　　话　010-64267325　64245264（传真）
网　　址　www.1980xd.com
电子邮箱　xiandai@vip.sina.com
印　　刷　三河市燕春印务有限公司
开　　本　880mm × 1230mm　1/32
印　　张　10
版　　次　2019 年 1 月第 1 版　2019 年 1 月第 1 次印刷
书　　号　ISBN 978-7-5143-7237-3
定　　价　39.80 元

前　言

人生需要笑对，更需要他人的笑对。也就是说，要想赢得人生，不仅要有笑对人生的态度，更要把自己提升到一个受人欢迎的高度，无论在什么样的交往场合，语言表现都是决定一个人能否受欢迎的重要因素。要想受人欢迎，一开口就要让人喜欢你。

本书阐述说话的技巧和艺术，并深入生活的各个方面，引导读者通过说话塑造受人喜欢的形象。我们在生活中会遇到各种各样的难题，解决难题的方法有多种，做一个受人喜欢的会说话的人，便给自己开辟了一条捷径。讨人喜欢不必扮笑脸，张口就能赢得真笑脸。说话是一种以语言滋润他人心灵的艺术。说话张口就来，是极为简单的，然而要想一开口就让人喜欢你，也是极为复杂的。会说话的人，纵然滔滔不绝，听者也不以为烦；即使三言两语，也能余音绕梁，功力神奇。卓越的语言艺术，对于一个人的前程和命运是非常重要的。人生多坎坷，要赢得胜局，就必须掌握卓越的说话才能。试着运用语言去博得众人的好感，进而赢取天下，是一种态度和策略；用语言孵化出真实的幸福，是一种能力和智慧。

说话是一种为人处世的大智慧，也是一门人人都要学习的必修课。所谓“一句话让人笑，一句话使人跳”。说话能力体现着一个人的内涵、素质。古往今来，但凡不懂说话之道者，都难成大事，而能成事者，一定在语言方面具有其独特的能力。一句恰到好处的话，可以改变一个人的命运。只要悟透说话之道，掌握说话的艺术，就能在生活中如鱼得水，左右逢源，无往不利，加快成功的脚步，赢得无悔的人生。

目 录

第一章　说到点子上，让人喜欢你 / 001

不做唠叨的“啰唆先生” / 003

消除语言中的累赘成分 / 005

简短、简洁、简练地表达 / 007

简明扼要，三分钟表明意思 / 009

清水出芙蓉，天然去雕饰 / 011

明白晓畅，通俗易懂 / 012

语言朴素不等于表达贫乏 / 014

大道理用大白话来表达 / 016

言简意赅，一针见血 / 019

第二章　说话告别粗鲁，让人喜欢你 / 023

隐晦点拨，呵护他人的颜面 / 025

正话反说，让人主动思考 / 028

侧面提醒，不触霉头提建议 / 031

谦虚一点，不过度表现自己 / 035

说话的智慧 / 038

话太直白，你的朋友“伤不起” / 039
委婉赞美，收获好人缘 / 043
多说好话，别让人感到难堪 / 046

第三章　和颜悦色说话，让人喜欢你 / 049

说话客气点，和气才能生财 / 051
维护他人的尊严，不揭人之短 / 054
说句“对不起”，化解意气之争 / 057
有理还要让三分，不仗势欺人 / 060
不要一味争执，冷静下来再说 / 064
刚柔相济，让人不再小看你 / 068
心胸豁达，要有容人之量 / 070
多把别人挂嘴边，少标榜自己 / 074

第四章　精彩表达，让人喜欢你 / 077

话语出彩，表达精彩 / 079
说话有力量，表达有力度 / 083
腹有诗书气自华 / 086
积之愈深，言之愈佳 / 088
奇妙比喻，新奇表达 / 091
小技巧让表达“飞”起来 / 093
丰富见识，增强表达能力 / 096
读书破万卷，表达如有神 / 098

第五章　幽默风趣，让人喜欢你 / 103

幽默谈吐，增强人际吸引力 / 105

幽默提醒，巧找借口化尴尬 / 109

幽默自嘲，提升个人魅力 / 112

幽默批驳，让人愉快接受 / 115

幽默有度，开玩笑要把握分寸 / 119

第六章　灵活有效，让人喜欢你 / 123

取得了成绩，要肯定他人的努力 / 125

照章办事，有些话要说在前头 / 130

胸怀宽广，少一些得失之心 / 134

把你帮助他人的事情全部忘掉 / 138

虚心一点，赢得他人的认同 / 142

帮助他人要讲究方式 / 147

第七章　无懈可击，让人喜欢你 / 153

都是含糊其词惹的祸 / 155

环环相扣，表达无懈可击 / 157

没有调查研究就没有发言权 / 159

用理由敲开说服的大门 / 161

事实胜于雄辩阔论 / 164

实物表达，无声胜有声 / 166

晓之以理，动之以情 / 168

数字表达，事半功倍 / 170

谨慎周密，把话说得天衣无缝 / 172

第八章　轻松出口，让人喜欢你 / 177

聊一聊对方关心和得意的事情 / 179

做一个受欢迎的“废话匣子” / 182

站在对方的立场，说出他的心声 / 186

用你的热情赢得他人的认可 / 190

把话说清楚，让人不迷糊 / 194

适时刺激一下，对方就听你的 / 198

不看你说什么，就看你怎么说 / 202

唠唠家常，说服会更容易些 / 205

第九章　一语中心，让人喜欢你 / 209

颠三倒四是表达的大忌 / 211

摒弃漫无边际的谈话陋习 / 213

明确因何沟通、因何表达 / 215

带着目的来沟通 / 217

围绕中心表达 / 219

说话表达要言之有物 / 221

对症下药，问题迎刃而解 / 223

攻其一点，击中要害 / 225

第十章　及时救场，让人喜欢你 / 229

巧妙化解尴尬的“流星战术” / 231

关键时候，帮人摆脱窘境 / 235
处事灵活，化干戈为玉帛 / 239
让人说完，别打断他人的发言 / 242
无关得失，就不要太计较 / 246
没话找话，打破冷场的氛围 / 249
失意人面前不说得意事 / 252
换一种表达，说中听的话 / 255
记住别人的名字，与人相处不失礼 / 259

第十一章　言为心声，让人喜欢你 / 263

自己有能力，沟通才给力 / 265
纠结症患者的自述 / 268
从来没有一份委屈是应该的 / 272
条条大路通罗马，可是你此刻在哪里 / 277
潜台词表达法，使沟通更有效 / 282
情商高就会懂得怎样发脾气 / 287
懂得管理情绪才是聪明人 / 291
不会调节气氛，与你沟通将会非常无趣 / 295
千万不要做一个说话“太”有趣的人 / 299
这是你在年轻时值得去犯的错 / 302
显摆，也要等风来了才行 / 305
不要急于否定一切 / 308

Chapter 1

第一章

说到点子上，让人喜欢你

不做唠叨的“啰唆先生”

讲话表达，简洁明快是核心准则，务必避免冗长、啰唆的语言。

简洁明快的语言能增添说话的魅力、加强表达的力度，原因如下：

第一，简洁明快的语言是认识能力和思维能力高超的表现。话语的简洁常常体现出说话人分析问题的快捷与深刻。

第二，简洁明快的语言是果敢决断的性格表现。自信心强、办事果敢的人都说话干脆果断，不拖泥带水。

第三，现代社会节奏快，时间观念强，说话简洁会给人一种生机勃勃的现代人的感觉。所以，简洁明快的话语还是时代风貌的反映。

第四，简洁的话语既能不占用听者太多的时间，又能使听者觉得说话者很尊重他，所以，说话简洁的人受人欢迎。

我们都会有这种感觉：那种说话唠唠叨叨、啰啰唆唆、拖泥带水、言语空泛的人，是很令人讨厌的。曾有位“啰唆先生”在写给家人的信中说：

“……吾于下月即将返里。不在初一即在初二，不在初二即在初三，不在初三即在初四，不在初四即在初五，不在初五即在初六，不在初六即在初七，不在初七即在初八，不在初八即在初九……不在二十八即在二十九。其所以不写三十，因月小之故也……”

“啰唆先生”这封可简为“吾下月将返里”的书信，却啰唆了这么长，谁看了也会觉得索然寡味，十分讨厌。虽然这仅是一则笑话，但它也告诉我们一个深刻的道理：说话啰唆就会失去魅力。

许多说话啰唆的人，常常是因为情绪激动而造成思维混乱，且语言表达前后倒置、条理不清。所以，要做到语言表达简洁明快，我们就要在思维和语言两个方面下功夫，不断练习，掌握技巧，适当发挥。

1948年，牛津大学举办了一个关于“成功秘诀”的讲座，邀请到了当时名声隆盛的丘吉尔来演讲。3个月前媒体就开始炒作，各界人士引颈等待、翘首以盼。

活动当天，会场上人山人海，水泄不通，全世界各大新闻机构都到齐了。人们准备洗耳恭听这位大政治家、外交家、文学家（丘吉尔曾获诺贝尔文学奖）的成功秘诀。

丘吉尔用手势止住大家雷动的掌声后，说：“我的成功秘诀有三个：第一是，决不放弃；第二是，决不、决不放弃；第三是，决不、决不、决不放弃！我的讲演结束了。”说完就走下讲台。

会场上沉寂了一分钟后，爆发出热烈的掌声，经久不息。

在当众讲话时，我们要学习丘吉尔这种表达方式，去除啰唆累赘的语言，追求简洁明快的风格。

消除语言中的累赘成分

要想清晰准确地表达自己的观点，一个重要的原则就是语言干净明白，不带累赘成分。

不少人说话时习惯加一些自己喜欢的词语与字眼，认为这样可以使自己的表达显得自然，结果只是增加了沟通的障碍，更多时候是给自己添麻烦。

“哦”和“你知道”是语言中毫无意义的累赘成分，只不过是添入了些停顿的声音。除此之外，还有一些大家常见的累赘成分，如“现在”“据说”“那么”“你知道我的意思”“你懂吧”“等等、等等”之类，以及喘息、碎嘴、清嗓子和哧哧发笑。

清嗓子不仅会刺激说话人的嗓子，而且还会刺激听众的听觉，使他们也想清嗓子。

有个律师烦恼地抱怨：无论什么时候，只要自己一讲话，就能发现听众的眼睛里呈现出一种痛苦的神情。

“我很清楚，”他说，“我的演讲词准备得相当不错，可究竟我说话时有什么毛病呢？”

其实问题很简单，他的毛病就是不停地清嗓子。当他后来认识到这个陋习之后，立刻改掉了（在所有的问题中，自我约束的力量不可低估，只要能做到自我约束，大部分的语言障碍都能清除）。

至于哧哧发笑，对未满 14 岁的少年儿童来说是可以原谅的，但如果超过了这个年龄还是不改，就是罪过了。

有位矮小圆胖的中年妇女说话总带着一种持续的刺耳笑声。

为了减弱她的笑声，尽可能使之不那么刺耳，专家首先采用了贴纸的方法，在字条上写着“哧哧笑”的地方画了一个红叉。还有一个办法是让她练习运用通畅的呼吸来说每句话。这样，她也就没工夫停下来发笑了。

除此之外，专家还采用了一个心理上的措施。

因为哧哧发笑常令人联想起少年时代，所以专家问她：“你要是喜欢哧哧发笑，为什么不穿上一条少女的迷你裙呢？”清除陋习的前提是要先认识到陋习的存在。事实上，有时只要认识到这一点就足以达到清除的目的了。

贴纸是理想的警告牌。

如果发现自己说话时，常带“哦”之类的字眼，你可以把“哦”字写在贴纸上，在上面画个叉或一条线。至少要做 6 张这样的贴纸，分别贴在你常看到的地方，诸如写字台、炉灶、电话机等上面，并切实按照这个要求去做。要不了几天，你的障碍就会消除的。

简短、简洁、简练地表达

苏联文学家高尔基认为，如果有个人说起话来废话连篇，这就说明他自己也不甚明了想说些什么。

在公共场合讲话，有的人虽长篇大论，滔滔不绝，但能用语言的触角抓住每一位听众，自然令人钦佩；有的人把自己的意思浓缩成一句话，犹如一粒沉甸甸的石子，在听众平静的心湖里激起层层波浪，同样值得称道。换个角度说，如果简短更有力，或同样有力，又何必长篇大论呢？更不用说是冗长而拖沓的演讲了。

高明的说话表达方式应当是：只说一句话，不旁生枝节；抓住精髓，一语中的。

请看一个发生在 20 世纪 30 年代的故事。我国著名新闻记者、政治家、出版家邹韬奋先生于 1936 年 10 月 19 日在上海各界公祭鲁迅先生的大会上发表了一句话演讲："今天天色不早，我愿用一句话来纪念先生：许多人是不战而屈，鲁迅先生是战而不屈。"

邹韬奋先生演讲的这一句话，在当时被人们誉为最具特色的演讲。即便是现在人们仍感叹邹韬奋先生演讲的简练有力。透过这一句话的演讲，我们分明可以感受到里边蕴含着极为丰富的内容——既有对当时政治战线、思想战线、文化战线上"不战而屈"的投降派的谴责，又有对鲁迅先生"横眉冷对千夫指"，勇敢战斗，决不屈服的可贵品格的赞颂。“不战而屈”和“战而不屈”，同样 4 个字的不同组合，成为衡量一个人有没有硬骨头的试金石。这极其精练的一句话演讲，巧妙地采用了鲜明的对比，使卑微者更渺小，使高尚者更伟大。尽管只是一句话，却激发了人们奋起抗争的勇气，鼓舞人们以鲁迅先生为榜样，挺身而出，战斗不止。

说话表达的时候，每一句话都要明白易懂，避免用艰涩词汇。别以为说话时用语艰深，就是自己有学问、有魄力的表现。其实，这样说话不但会使人听不懂，而且容易弄巧成拙，还会引起别人怀疑，以为是在故弄玄虚。当然，成功的当众讲话还需要丰富的词汇、多变的句型，使讲话扣人心弦，让听众欲罢不能。

简明扼要，三分钟表明意思

大多数口才出色的人，表达观点都是简短有力、简洁明快的。而自信心不够的人，在说话之前，总先要解释一番为什么要说，然后再说出他想表达的观点。结果，还不等他触及正题，别人早就烦了。

所以，当你想发表观点时，不妨直奔主题，比如，“我想说说关于节省开支的问题……”然后，围绕你的主题，进行尽可能简洁的表达。正如外国谚语所说：当我问你几点钟时，你不要告诉我钟表的工作原理。

为了使说话更加简练明确，有时仅让对方迅速听到最重要的东西即可。在使用细节作为论据时一定要保证观点突出，不要有过多的观点。确保只有少量的主要观点，或者仅仅是一个主要观点，然后围绕这个观点把要讲的话讲明白。特别是身为一名领导者，要想说服别人，让别人明确执行你的命令，掌握这种简洁明确的说话方式是十分重要的。

比如，某县国税局连年完不成税收任务，仅上半年全县就欠税300多万元。7月，张局长临危受命，上任后即展开了深入细致的调查摸底工作。在此前提下，召集20个纳税大户举行座谈会，张局长开宗明义地说道：“我是个转业干部，二杆子脾气，我到这儿任国税局长，一不图官，二不图钱，就图个痛痛快快干工作，我初来乍到，能不能踢好头三脚，还要看各位买不买账。一句话，政策以外的钱我一分不收，该纳的税一个子儿也不能少，而且一天也不能再拖，谁觉得为难，自己看着办，下周的这个时候我要结果。”会后，在 20 个纳税大户的带动下，上半年欠收的所有税款一周内全部完成。

张局长简短的几句话，不仅展现了军人果断的性格和干练的作风，而且句句流露着锋芒。在这样的气势下，有谁愿意与“初来乍到”的新局长过不去呢？所以，张局长上任伊始就来了个“开门红”也就顺理成章了。

在谈话表达当中，有时候需要苦口婆心地讲道理，而有时则不需要长篇大论，紧要处点到为止，正所谓言简意赅、微言大义。

清水出芙蓉，天然去雕饰

平实朴素的语言是说话表达的基调。

华丽的语言不适合一般的说话，否则就有一种凝重的不和谐的感觉。我们平时说话表达要有平实、朴素的风格，它是占主导地位的，是基本的格调。平实朴素的语言风格，会创造一种相当平和愉快的说话氛围，给人一种和谐亲切的感受。

尤其是身份、地位比听话者高的说话者，一定要平实朴素，即平易近人、谦虚朴实。这样，谈话才会在和谐的气氛中进行下去。

平实朴素的话语往往能表达出很深刻的思想，如同明快的河流，没有矫揉造作之嫌，无故弄玄虚、装腔作势之疑。

平实朴素的语言，可以称为天然语言，它是不加雕琢，不作刻意修饰的。没有太多的定语修饰成分，没有太多的修辞加以描绘，如同绘画中的素描、速写。简明扼要的三言两语，就能把自己的意思表达清楚。

陶渊明的“采菊东篱下，悠然见南山”两句诗，无一字雕琢，无一丝斧凿，活画出一幅明丽、恬淡、幽雅、质朴的田园生活图。难怪金代的元好问盛赞陶渊明：“一语天然万古新，豪华落尽见真淳。”南宋诗论家、诗人严羽《沧浪诗话》也称誉：“渊明之诗质而自然。”

明白晓畅，通俗易懂

语言会通过耳朵传入大脑。因语言有同音异义、一音多义的特点，如用晦涩难懂的话，势必影响听的效果。而且听众文化素养有很大差别，应该“就低不就高”。所以对广大听众讲话，更应该明白晓畅、通俗易懂。

1940 年 7 月，贺龙同志在晋绥军区党员训练班讲党课。讲课之前，指导员带人抬来一张旧木桌、一条木板凳，桌子上放了两个粗瓷大碗和一双布鞋。这三样东西，一下子吸引住了学员们，大家不明白贺龙要干什么。贺龙笑眯眯地说：“我来讲第一课，党的群众路线，就是党和群众的关系喽！”然后他端一个大碗问学员，里面的小米是做啥用的，大家异口同声回答，是做饭的。又问哪儿来的，大家回答，是老百姓的。贺老总由此生发开，讲吃小米容易，种小米难；又讲老百姓吃墨石，让部队吃小米；讲军民关系，讲群众路线；又批评了有的同志违反群众纪律的事，讲得大家心服口服。大家明白了搞不好群众关系就会挨饿、打败仗的道理。说着说着，贺龙同志拿起另一个大碗，里面盛满了水，还有一条鱼。贺龙把鱼从碗里捞出来。不一会儿，鱼不动了。贺龙乘机问，鱼为什么不动了，大家回答是因为鱼离开了水。贺龙总结道，军队和群众，是鱼与水的关系，正如鱼离不开水，军队离开群众就不能生存。根据地的存在，人民军队的壮大，都是因为执行了党的路线，得到群众拥护的结果。贺龙的课讲得具有真情实感。它不仅重点突出、层次清楚，而且把一个严肃的课题讲得浅显形象、通俗易懂。如果贺龙没有对人民群众的热爱之情，没有对人民子弟兵的热爱之心，不考虑学员的文化程度、理论水平、接受能力，就不可能讲出这些道理，就不可能对党的群众路线作出如此深入浅出的阐述。

社交语言需要用讲话者和听者双方都习惯且共同感兴趣的“大白话”来表达，这样才容易沟通感情、交流思想。若追求华丽新奇，过分雕琢，听者就会认为这是在炫耀文采，从而对你的讲话一只耳朵进，一只耳朵出。所以，使用语言正像鲁迅说的：“有真意，去粉饰，少做作，勿卖弄。”否则，话说得再漂亮也不会有什么力量。

日常讲话表达要力求明白晓畅、通俗易懂。那种用“请恕”“冒昧”之类的话未免有故作高雅之嫌，听众未必喜欢。罗丹说：“用铅笔画些花样，用色彩涂些炫耀的焰火，或是用古怪的文字写些光彩的句子，这些空头作家，就是世界上最机巧的人，然而艺术最大的困难和最高的境地，却是要自然地、相互地描绘和写作。”这句话对我们平时说话表达中的语言使用也是适用的。

语言朴素不等于表达贫乏

有人说："朴素就是简单而实在呗。"这话只说对了一半。朴素的话当然要实实在在的，但朴素绝不等于简单贫乏。言语真正的朴素美，应如苏东坡所言："发纤秾于简古，寄至味于澹泊。""简古"与"澹泊"即简洁、朴拙、平淡、清纯，不仅仅是朴素美的表现形式，而细腻丰富、蕴藏深厚的内涵，才能使朴素"挺直美的脊梁"。人们常说"墨有五彩"，这讲的正是在功力深厚的丹青笔下，单纯的墨色与丰富的表现力的和谐统一。在一个平庸的画匠手里，单色的墨尽管被涂得深浅不一，但那依然只是单调、平板，根本谈不上"五彩"，更谈不上什么真正的朴素美。朴素的魅力首先在于它丰富的内涵。

李瑞环同志讲话一贯以朴实、幽默而著称。听众感到轻松自然，而他自己却为推敲每一次的演讲，不知熬了多少夜，流了多少汗。他对前去采访的记者深有感触地说："看鸭子浮水，上边平静，下边爪子忙得可邪乎呢！"言语的朴素美，实际上是经过许多有形、无形的提炼加工而呈现出的一种"大巧而若拙"的美，是一种让人听来舒畅自然而又韵味深长的美。

言语的朴素美贵在保持个性。话该怎么说就怎么说，或严肃，或幽默，或直率，或委婉，只要出口，皆发自内心，保持本色。

言语的朴素美最忌追慕虚荣和时髦。一般情况下，人们做到“怎样想就怎样说”并不难，但在讲台上，在陌生人面前，在某些特殊环境下，就不容易朴素自然地讲话了。有些人见某种语言、语调时髦，便争相效仿，弄成了邯郸学步；还有的人在某种场合，唯恐别人小看自己，便故意装腔作势、卖弄博学，反倒增加了别人的反感。追慕虚荣和时髦并不能增进言语交际的效果，应当坚决摒弃。

大部分言语交际的场合，需要我们把话说得自然、通畅，因此，要尽量抛弃那些造作的、文绉绉的词汇，代之以平易新鲜的语言。例如，“久闻大名，如雷贯耳，今朝得见尊容，实乃三生有幸”，这种说法如果不是针对特殊对象、特殊场合，只会让人感到不舒服，甚至有虚伪之感。不如这样说：“今天能认识您，我真高兴啊！早就听人说起过您，今天终于见到了，真荣幸！”

朴素的言语给人的是淳美，带给交际的是成功。

大道理用大白话来表达

一个经过合格语言训练的人懂得什么话说得，什么话说不得，同样一个意思，如何说来才会让人会心一笑，意味悠长。在古今中外的语言实践中，语言技巧可谓英华璀璨、博大精深，在此只能举其荦荦大者，以供读者欣赏，希望从中可使您找到当众讲话的灵感与技巧。

说话的通俗性，是指说出的话不仅要生动、巧妙，还要明白、易懂，使人乐于接受。语言表达要大众化，它包括两个方面的意义：一是用语通俗，一听就懂；二是意义通俗，深入浅出。违背这两点，不仅会让人觉得不知所云，甚至还会造成各种误解。

毛泽东说话非常注意语言技巧。他说话的鲜明特点是：简明通俗，深入浅出，四两拨千斤，用“大白话”将深奥复杂的道理讲得明白透彻。

1934 年年底，湘江惨败后红军在贵州黎平召开了紧急干部会议，毛泽东同志应邀参加，他发言时，对极为复杂的形势做了通俗形象的分析：

“根据地丢了，反革命打了革命的屁股，把我们的屁股打青、打肿、打得个稀巴烂。人没有屁股，怎么坐得住啊！只好走，从江西走到湖南，还要走，一直走到我们屁股好了为止。到湘西去，固然好，贺龙同志早就搬好凳子等我们去坐了，可是我们屁股没有好，有凳子也坐不稳。况且，据邓发截收的蒋军无线电电报可以判定：蒋介石已经派了25万牛头马面各执生死牌，等着打我们的板子。我们旧伤没有好，又等着挨打，哪个有铁屁股，哪个去挨打好了，我毛泽东是要先找个地方养养伤，等坐得稳了再去找反革命算账，到时候，你看我来打日本鬼子同老蒋的屁股吧！我要打得他在中国坐不住！”

听了这番通俗晓明的讲话，与会者自然做出了与毛泽东观点相同的决定。

多使用群众口头中常用的大众化语言，也可以使表述更为通俗易懂，增加语言的特殊表现力。大众语言来自人民大众，是人民群众发明创造的，它包括俗语、谚语、歇后语等。在说话中巧妙地运用，能够增强说话的感染力。

俗语是通俗而广泛流行的定型语句，简练形象。恰当地引用俗语，可以增强说话或演讲中的幽默感和说服力。

谚语是劳动人民在长期的生产和生活实践中总结出来的语言，经历了千百年的传诵，千锤百炼，凝结着劳动人民丰富的思想感情和智慧。谚语具有寓意深长、语言精练、朗朗上口、便于记忆的特点。谚语和俗语一样，也可以为语言表达增色。

歇后语也是为广大人民群众所喜闻乐见的语言，在群众中广为流传。歇后语一般由前后两截组成，前半截是形象的比喻，像谜面，后半截解说，像谜底。在谈话中恰当运用歇后语，可以增强谈话的趣味性，增加语言的表现力。

例如，为说明某人工作开展缓慢，可说：“他呀，大象屁股——推不动。”为了说明自己没有能力办这件事，可说：“我是丫鬟带钥匙——当家不做主。”为了说明办了一件出力不讨好的事，可说：“我办的这事真是‘公公背儿媳’——费力不讨好。”等等。

以上技巧通常是说，在语言运用上，要善于运用已有语言文化宝库中的珍贵宝藏，使我们讲话通俗易懂，为大众所接受。

言简意赅，一针见血

古人讲：山不在高，有仙则名；水不在深，有龙则灵。说话也是如此，话不在多，点到就行。在生活节奏紧张快速的现代社会中，没有人愿意花费大量的时间去听你的长篇大论。这就要求你在谈话时要做到言简意赅，一针见血。

乔治是美国加利福尼亚州的大亨，资产逾 10 亿美元。某年他与商业伙伴戴维从加州飞往中国某大城市，准备投资建厂，寻找合作伙伴。

3 天后，乔治坐到了谈判桌前，谈判对象是我国某大型企业的领导。这位领导精明能干，通晓市场行情，令乔治颇为欣赏。听了这位领导对合资企业的宏伟设想后，乔治似乎已看到了合资企业的光辉前景。

正准备签约时，忽听这位领导又颇为自豪地侃侃而谈道：“我们企业拥有 2000 多名职工，去年共创利税 700 多万元，实力绝对雄厚……”

听到这儿，乔治暗暗掐指一算：700 万元人民币折成美元是 90 余万，2000 多人一年才赚这么点钱？而且，这位领导居然还十分自豪和满意。这令乔治非常失望，离自己预定的利润目标差距太大了。如果让这位领导经营的话，是很难有较高的经济效益和利益的。于是决定立即终止合作谈判。

试想一下，假若那位领导不说最后那句沾沾自喜的话，谈判也许会以另一种结局而告终。那位领导最后那些不着边际、画蛇添足的话，不仅暴露出他自身的弱点，而且令外商失去了合作的信心，最终撤回投资意向，的确是多余之至，应该引以为戒。

在生活中我们经常看到，有的人习惯于喋喋不休、滔滔不绝地高谈阔论，而又词不达意、语无伦次，让人听而生厌；还有的人喜欢夸大其词，侃侃而谈，漫无边际。这样都容易造成画蛇添足的恶果。因此，我们“在开口之前，应先让舌头在嘴里转 10 个圈”。把多余的废话“转掉”，准备一些简单明了的话，一开口就往点子上说，千万不要东拉西扯、不知所云。

“吹笛要按到眼儿上，敲鼓要敲到点儿上。”话说在点子上，对方自然会欣然接受。

简洁明快的语言是认识能力和思维能力高超的表现。话语的简洁常常体现出说话人分析问题的快捷与深刻。简洁明快的语言是果敢决断性格的表现。自信心强、办事果敢的人都说话干脆果断，不拖泥带水。现代社会节奏快，时间观念强，说话简洁会给人一种生机勃勃的现代人的感觉，所以，简洁明快地表达话语是时代的要求。

简洁的话语既能不占用听者太多的时间，又能使听者觉得说话者很尊重他，所以，说话简洁、表达明快的人受人欢迎。

以下是说话表达简洁应注意的几点。

1. 尽量简明扼要

说话表达越简明越好，有些人在叙述一件事情时说了很多话，但还是无法把他的意思表达出来，以致听者花了很多时间和精力，仍然不知道他想说明什么东西。如果你有这种毛病，一定要自己矫正。矫正的最好办法是，在说话之前，先在脑子里做一个初步的计划，然后再把计划要说的东西讲出来。

2. 用语不要过多重叠

在汉语里，有时的确要使用叠句来引起别人的注意，或者加强语气。但是，如果滥用叠句，就会显得累赘。

3. 同样的词语不可用得太频繁

我们虽然不必像某些名人那样，每说一件事都要创造一个新词汇，但也应该在许可的范围内尽量使表达多样化，不要把一个名词用得太频繁。即使是一个非常新奇的词，如果你在几分钟之内就把它复述了好几次甚至十几次，那么人们对它的新奇感就会丧失，并对它产生一种厌倦感。

4. 要避免口头禅

有些人在交谈中爱说口头禅，诸如“岂有此理”“我以为”“俨然”“绝对的”“没问题”一类的话。不管这些话是否与所说的内容有关联，这类的口头禅说多了，都会影响说话的效果，而且容易被别人当作笑柄。因此，这类口头禅应下决心不说。

语句冗长，表达必词不达意、啰唆干瘪；思维模糊，表达必语无伦次，枉费口舌。所以，在说话表达时应要求自己长话短说，要“筛选”“过滤”出最精辟的、恰如其分的表情达意的词句，尽可能以最简短的语言表达出深刻的内涵。

Chapter 2

第二章

说话告别粗鲁，让人喜欢你

隐晦点拨，呵护他人的颜面

北宋的张咏是一个很有智慧的人，他官至礼部尚书。听说寇准当上了宰相，他便感叹："寇准真是一个奇才啊！可惜在学问上尚存在某些不足。"原来他与寇准是至交，因此，对于寇准的劣势，他自然很清楚。为了帮老朋友及时改掉这个缺点，张咏很想找个机会劝劝寇准多读些书，毕竟身为宰相，其作为关系到天下的兴衰，学问理应丰足才是。

恰巧，寇准到陕西巡视，刚刚卸任的张咏也从成都来到这里。他乡遇故知，自然格外高兴。寇准设宴款待张咏，二人开怀畅饮一番。分别的时候，寇准问张咏："张公，你能给我一些指点吗？"

张咏对此早已有所考虑，正想劝他多读一些书。但是话到嘴边，又说不出口。今非昔比，如今的寇准已是宰相，一人之下，万人之上。在这种身份悬殊的情况下，又怎好直截了当地说一个宰相没有学问呢？

于是，张咏略微沉吟了一下，说了一句："《霍光传》不可不读。"当时听到张咏的这句话，寇准并没有立即弄明白这话的意思，但是张咏不愿就此多说一句，说完这个，他就走了。

为了弄明白张咏此话的意思，回到相府，寇准立刻找出《汉书·霍光传》，他从头仔细地阅读，当他读到"然光不学亡术，暗于大理”时，突然明白了老友的意思，于是自言自语地说：“这大概就是张咏要对我说的话吧！”

当年霍光官至大司马、大将军，地位相当于宋朝的宰相。他立有很多重大的功劳，但是因为学问不高，难免居功自傲，不明人情与事理。

霍光的这些特点与寇准有某些相似之处，张咏说《霍光传》不可不读，其实就是想要借此书告诫寇准多读一些书，多了解一些人情事理，就能更好地辅政。寇准阅读了《霍光传》之后，很快明白了张咏的用意，受益匪浅。

寇准是北宋著名的政治家，他为人刚毅正直且思维敏捷。张咏赞许他的奇才，但同时也指出了他的缺点——平时不大注重学习，知识面略窄，这种劣势将极大地限制他才能的发挥。

因此，张咏说的那句话是劝寇准平时多读些书以加深学问的意思，这句话既客观又中肯，虽简单却很巧妙。反过来想一下，如果当时张咏的话说得太直，对于刚刚出任宰相的寇准来说，肯定面子上不好过，而且这话要是传出去还会影响寇准的形象。

张咏知道寇准是个很聪明的人，简单地给了一句“《霍光传》不可不读”的赠言让其自悟，这话是何等婉转曲折，原本是“不学无术”这个连常人都难以接受的批评，通过委婉的方式表达出来，让人愉快地接受了。张咏的辞令智慧，可谓灵巧至极！

由此看来，巧妙地说话，可以化解很多不必要的麻烦，尤其在外交场合中，话不一定要多，只要足够深刻、巧妙，便能达到话少意深的效果。

在一次事故中，主管生产的副厂长老马左手指受了伤，被送往医院治疗。厂长老丁来病房看望时，谈到车间里的小吴和小齐两个年轻人技术水平较强，但纪律观念较差，想让他们下岗。

老马当时没有表态，只是突然捧着手“哎哟哎哟”大叫。丁厂长忙问：“疼了吧？”老马说：“可不是，实在太疼了，干脆把手锯掉算了。”丁厂长一听，忙说：“老马，你是不是疼糊涂了，怎么手指受了伤就想把手给锯掉呢？”

老马说：“你的话很有道理。有时候，我们看问题，往往因注重了一方面而忽视了另一方面。你看看，丁厂长，我这手指受了伤需要治疗，那小吴和小齐这俩孩子……”

丁厂长一下子听出老马的弦外之音，忙说：“老马，谢谢你开导我，小吴和小齐的事我知道该怎么处理了。”

老马用手指受伤需要治疗类比人有缺点需要改正，巧妙地把用人和治病结合起来，既没直接反对丁厂长，又维护了团结，成功地解决了问题。

两个人的意见发生了分歧，如果实话实说，直接反驳，就有可能伤了和气，影响团结。这个时候就需要我们选择委婉、巧妙的说法，来避免一些不必要的麻烦。

当别人问你“有什么指教”的时候，不要直接发表看法，最好客气一下，你可以说：“指教谈不上，不过，有些话不太好说，说错了，希望你不要介意。”这样一句话，可以使你的表达显得柔和而委婉。话说得太直白了，往往不是好事，有时会伤及他人的尊严，或者导致争论与冲突。若能够采取一种委婉的方式，隐晦地点拨一下，沟通的效果会更好一些。

正话反说，让人主动思考

某人牙痛，前去医院拔牙。医生技术娴熟，很快就把牙拔掉了。病人虽然觉得医生的医术不错，但又觉得这一会儿工夫就被医生赚了30元，有点耿耿于怀，他一边付钱，一边揶揄地对医生说："你们牙医真会赚钱，只用10秒钟就赚了30元。"

医生没有直接反驳，只是笑道："你要是愿意的话，另一颗牙我可以慢慢地给你拔。"

病人一听，笑道："不，不，还是请快些给我拔吧！"

面对病人的挖苦，医生处理得十分巧妙。他没有正面反驳，而是接着对方的话茬说下去，答应慢慢地拔另一颗牙。无疑，这种正话反说的方式，将了对方一军，使自己处于主动地位。

有一位太太认为自己的丈夫太不像话，于是到处向朋友诉苦告状，她觉得朋友一定会安慰她，并且帮助她劝说丈夫。

谁知有一位朋友听了后，却说："你的丈夫怎么这么不像话，趁早离婚吧，免得将来受苦。"

这位太太听了朋友的话，反倒认为："其实，我丈夫并没有坏到这种地步，还不至于要离婚。"就此再也不向朋友抱怨自己的丈夫了。

有个孩子在学校挨了老师一顿批评，心中非常怨恨那位老师，于是跟爸爸大倒苦水，扬言一定要给老师点颜色看看。

爸爸听了儿子的诉苦后，没有斥责，也没有教训，而是平淡地说：“真的是这样吗？那你就去给他点颜色看看吧。不过，你打算怎么给他点颜色看看呢？”

“我，我……”孩子想了半天，没有好主意，有些泄气地说，“爸爸，那你说该怎么办？”

爸爸笑道：“打他一顿？好像不行，那样即使你达到了报复的目的，也会触犯法律。捣乱？那你肯定又要挨批评，甚至还有可能被罚，不值得。”

“嗯，爸爸，你说得对。”孩子点头。

“那你说老师批评你，是不是为了你好呢？好好想一想。”听爸爸这么一说，孩子很快就放弃了报复老师的念头。

若不同意对方的看法，直接反驳，很容易引起争论，这个时候，可以采取先肯定再引导的方式，不妨附和对方的观点，并伺机将对方引入死角，让对方自行觉醒。

楚庄王得到一匹骏马，心中高兴得不得了。不想事与愿违，这匹马整天锦衣玉食，患上了“富贵病”，没过几天便一命呜呼了。楚庄王十分沮丧，为了表达对这匹马的喜爱，他决定为马发丧，以大夫之礼下葬。

没想到此举遭到朝臣的反对，许多忠直之士以死相谏，但楚庄王主意已定，群臣很难改变他的想法。

正当群臣摇头叹息之际，突然门外传来号啕大哭的声音。楚庄王惊问是谁，左右告之是侍臣优孟。楚庄王立即传令优孟觐见，问道：“爱卿，因何事大哭？”

优孟擦着眼泪，哭诉道：“堂堂楚邦大国，有何事办不到？有何物得不到？大王将爱马以大夫之礼下葬，不但不过分，还嫌轻视。我请大王以国君之礼葬之，这样诸侯们也会知道大王你重马而轻人，这不是很明智的举动吗？”

群臣听到优孟的这番话，顿时哗然，楚庄王却沉默不语。良久，他低着头慢慢说道：“寡人以大夫之礼下葬这匹马，确实太过分，但是话既已出，如今又能怎么办？”

优孟一听，马上接话道：“我请大王将死马交给厨师，用大锅烹饪，放上姜、枣、椒等作料。马肉让群臣饱餐一顿，马骨头以六畜之常礼下葬。这样，世人就不会笑话大王了。”

楚庄王得到了一个台阶下，群臣吃了一顿马肉，事情便就此了结。

优孟因侍奉楚庄王多年，熟知楚庄王的性情，知道面对此时的楚庄王，忠言直谏、强言硬谏都是行不通的。因此，他在获悉群臣劝谏失败之后，采取正话反说的策略，先顺着楚庄王之意说下去，自然地流露出揶揄、讽刺之意。

正话反说是荒谬的放大镜。在某些特定情况下，有些话不能说出来，为了避免尴尬，不妨从其反面说起。须知真理再向前一步就可能变成谬误，反面的话稍加引申，就可能走到反面的反面。

当你不同意别人的看法，想要反驳对方的时候，最好先想清楚，若是直接反驳，会不会有麻烦。也许先赞同对方的观点，附和一下对方，再采取正话反说的方式，就能让对方主动思考，意识到自己的问题。这样岂不比带有强迫性的直接说服更妙？

侧面提醒，不触霉头提建议

张云是个很活泼的女孩，点子多，做事有股冲劲，很得上司器重，大家都觉得她的前途必定一片光明。也许是脑子灵活的缘故，张云特别喜欢发表看法，对于别人的工作她总要评论一番，似乎不这么做就不过瘾。这个习惯让许多同事很不满。

有一次，张云所在的销售部开会，但是，到了会议室才发现，别的部门还没有开完会，于是大家就在门外等候。

张云忍不住了，竟然一个人跑了进去，并且对那个部门的工作发表了一通自己的见解，告诉大家应该怎样做，这番指手画脚自然引起了其他部门同事的反感。

后来，这样的事情还发生过好几回。直到有一次，她竟自作主张签了一份需要领导签字的合同。当领导问起那份合同的事情时，张云说："我觉得没什么问题，所以就签了。"领导很生气，便把她解雇了。

会动脑子，能提建议，这当然很好，事实上，每个开明的领导都会喜欢这样的下属。但是提建议要注意自己的职位，若是到处评论他人的工作，甚至擅作主张，越俎代庖，就有问题了。

就好像足球比赛，每个队员的站位、跑位都不能出错，工作也一样，讲究整体间的相互配合，每个人都必须明确自己的职责。

所谓“不在其位，不谋其政”，你可以发表你的看法，但不能跨越自己的权限，进入别人的工作范围。尤其要注意的是，你不能替上级做决定，哪怕是你的上级不如你，都必须遵循下级服从上级的原则。这是最基本的礼仪，也是最基本的规则。

因此，在工作场合，我们要学会尊重他人，注意自己的定位，不能越位。有什么好的建议想要表达，可以采取一些比较委婉的方式。

相传汉武帝年间，雍州有个小吏叫曹迟，因为头脑精明、为人忠诚，深得上司的欣赏，于是被升任为雍州一个县的县尉，辅佐县令处理政务。

他刚到此县时就听到百姓在街头巷尾议论纷纷，他便乔装打扮成过路客商，深入百姓之中，调查民情。

原来，百姓们正在议论原来的县尉，说上一任县尉只做了短短半年，就因为做事刻板，不知道转弯，经常顶撞县令，而被县令革职。

再仔细一打听，他才知道这个县令很不得人心，虽然为官清廉，但是才能有限，施政不灵活。百姓们有口难言，只好在街头巷尾议论纷纷。

曹迟上任的第一天，发现县令断案存在问题。如果直接指明县令的错处，很容易引起争论。那样的话，自己可能就会与前任县尉一样，因为不配合工作而被革职。这样一来，自己的宏图之愿就无法实现了。如果一切都顺着县令，又不符合自己为官做人的原则。

为此，曹迟为难了。他想了好一会儿，忽然想到了一条妙计，他决定表面上稀里糊涂，顺着县令，但是暗地里旁敲侧击地给县令一些建议。

果然，没过多久，县令在他的辅佐下改正了自己的错误，当地的风气也为之一新，老百姓对官府的看法也好多了。

而县令不仅对曹迟的态度很好，连性格脾气都变得温和起来。一年之后，曹迟得到县令的举荐，被调到另一个县担任县令。

曹迟的聪明之处在于，他吸取了前任县尉的教训，没有越俎代庖，也没有直接提建议，与县令争辩和理论，而是采取旁敲侧击的方式，向县令提出独到而正确的见解，收到了良好的效果。

记住，你是去做事情的，不是去争论长短是非的。成大事者，不会在乎虚名，所以不会跟人争辩，以获得口头上的胜利。要学会适当地表现自己，而不要过度。在某些场合，若你的光彩遮蔽了他人的亮点，便很容易让对方陷入尴尬的处境。比如，你要去给人当伴郎或伴娘的时候，最好穿得普通一点。因为在婚礼上，新郎和新娘才是主角，要是伴郎和伴娘的光彩盖过了新郎和新娘，那么新郎和新娘心里肯定不乐意。

工作场合也同样如此，该你出风头的时候，你尽管表现，但不该你出场的时候，就不要肆意表现。如果你有好主意需要告诉对方，注意不要那么直接地提出，特别是向上司提建议的时候，应该尽量委婉一点，最好从侧面去提醒对方，这样会比较容易成功。真正聪明能干的人，绝不会越俎代庖，替上司做决定。

要学会虚心地向对方请教，让对方出主意可以这样说：“您认为该怎么办才好呢？”当对方说出他的看法时，你只需适当提示，让他主动地思考下去，他就会得出和你一样的结论。你可以这样说：“您认为这样做怎么样？”采取商量的语气启发对方，能够让对方放下戒备心理。这个时候，你的意见便很容易植入对方的脑海，从而让对方接纳你的意见。

谦虚一点，不过度表现自己

孟小姐是一位研究生，毕业之后，她到一家大型的咨询公司工作，这让同学们都非常羡慕。对此，孟小姐很得意。有朋友看出她的傲气，便告诫她："老同学啊，你太优秀了，什么都好，就是太张扬了点。"

孟小姐不同意，当即反驳："那不叫傲气，那叫自信！"朋友苦笑道："你说得对，可就怕别人误会啊！"

孟小姐不以为然："他们怎么想，我可管不着。"很快，她就把朋友的话抛到了脑后。

与孟小姐坐对桌的，是个姓刘的中年女人，大家都叫她"刘姐"。也许是因为孟小姐是新人，刘姐总是找她的碴儿。有一次，刘姐还公然指责孟小姐："办公桌上不要摆上那么多饰物和明星照片，这样容易影响工作。"

孟小姐听了，想也没想便回道："刘姐，您不了解年轻人，现在的年轻人是能边玩边把工作做好的一代，而且工作累了看看这些时尚的东西，既养眼又舒心，对工作有好处。"

刘姐听了没再说什么，不过脸色变得很难看。

几天之后，孟小姐的账目上出了点小差错，刘姐毫不客气地对孟小姐进行了指责。此后，二人的摩擦便多了起来。

因为学历高、业绩突出，孟小姐的奖金很高，同事便开玩笑说：“小孟啊，你才工作不久就做出这样出色的成绩，一定要请客啊！”

孟小姐得意地说：“这算什么啊，再过一些时候，我的业绩肯定比现在更突出，到时候一定请你们去饭店大吃一顿！”

不久，孟小姐发现大家都突然变得不爱搭理自己，有时候大家谈得热火朝天，她很兴奋地跑过去加入，可是大家很快便找理由散去。

正当孟小姐困惑之时，一年一度评先进的时候到了。她私下里盘算了一下，觉得凭业绩这个先进奖非自己莫属。然而，最终她并没有得到先进奖。孟小姐很不服气，直接去找领导。

领导看到孟小姐进来，便一脸微笑。孟小姐正想要说话，领导却笑眯眯地先开口了：“小孟啊，我正有一个好消息要告诉你，因为工作需要，你暂时被借调到分公司去工作一年，你可要好好努力啊！”

孟小姐顿时呆住了，所谓“借调”，其实就是“下放”。最后，孟小姐没有去分公司工作，而是选择了辞职。

有个女大学生刚毕业，进入一个广播站工作，她的内心充满了激情。当时，与她搭档工作的是一个有3年播音经验的工作人员。

在一次播音前，女大学生进行播音练习。她读了一遍讲稿，感觉还不错。为了让自己有所提高，她就找到搭档，希望得到他的指点。

“这个，看出你的认真了。”他看了看那篇讲稿，笃定地继续说，“我猜啊，这篇文章你看过不下三遍！”

“没有，就一遍啊！”女大学生毫不犹疑地说，暗自高兴。

然而，话一出口，她的搭档的笑容凝滞了，有些尴尬地说：“是吗？那行了，你已经很出色了。”说完，他马上把讲稿还给了她。

不久，广播站里的人都知道，新来的那个女大学生非常骄傲，目中无人。女大学生发现，自己已经成了众矢之的。

做人谦虚，才受人欢迎；对人尊重，才得人尊重。无论何时何地，都有一个先来后到的问题，新人对老员工的尊重，老员工对新人的提点，这是很正常的事情。刘姐对孟小姐的指点，其实并不是对摆放东西有意见，而是表示一种态度：我是老员工，你要眼睛里面有我。然而，孟小姐不懂得这一点，直接顶撞刘姐，这是一种不礼貌的行为。

当同事说“业绩突出要请客”时，孟小姐依然不知道谦虚做人，反而夸下海口，给人留下目中无人的印象，自然也就让大家与她产生了距离感。如此一来，评先进的时候，大家自然不愿意选她。

那位女大学生也是如此，若能在得到表扬的时候谦虚一些，这样表达：“谢谢你的赞赏，这可是我第一次直播，我怕出问题，所以……”如此，别人不仅会觉得高兴，也会觉得她做事认真负责。

做人要虚怀若谷，防止骄傲自满。目空一切、唯我独尊的人，十之八九都不得人心。在生活中，我们应该约束自己，力戒盲目自满，须时常检视自己的弱点和短处，把态度放得谦逊一些，而不能自视高明，常常摆架子。

说话的智慧

聪明是一件好事，但若时时处处去证明自己的聪明，就显得不太聪明了。不要总说，你比别人更聪明，或许有少数几个人会敬佩你，但大多数时候，你得到的不会是敬佩，而是讨厌。

可以想象，若有个人对你说："我比你聪明，你的智商不如我。"你的感受会好吗？你肯定会觉得这个人太狂妄了，一点都不谦虚。因此，明智的做法是在适当的时候表现你的聪明，而不要总是挂在嘴边。

话太直白，你的朋友“伤不起”

面对陌生人，我们往往可以时时提醒自己要注意谈吐礼仪，因此失礼的时候也不会很多。反倒是面对熟悉的人，我们往往会忽略这点。

丈夫下班后刚进家门，就对妻子叫嚷：“喂，饭菜做好了没有？我快饿死了。”妻子刚做完家务，非常劳累，丈夫没有丝毫关切之语，却还用这种口气对自己说话，妻子感到十分生气，说：“我不是你的保姆，没义务给你做饭。”

结果丈夫听了，也窝了一肚子气。到了晚上，两个人躺在床上的时候，妻子感觉家里好像有小偷进来，她踢了丈夫一脚，说：“喂，好像有人进来了，你下楼去看看。”这时，丈夫没好气地答道：“我不是你的私人保镖，没义务给你巡逻。”

关系越亲密，人们就越不喜欢客气，讲话比较直接，有时甚至很难听，比如这些问候：“你还没死啊？”“喂，要死的，你跟我出来一下！”

然而，因关系亲密而不太讲究说话方式，说话太直白，会直接导致与亲人或朋友间的关系出现问题。

小文、小柳和小陈是从小到大一直非常要好的姐妹。为了延续彼此的情谊，她们都未远嫁，在同一个城市生活，在同一个小区居住，经常聚会聊天，过着开心的日子。三家人甚至还定了“娃娃亲”——小文生了闺女，小柳和小陈生的都是儿子，于是小柳和小陈都争着和小文做“亲家”。

然而，就是这样一段深厚的闺密之谊，在那年的夏天却遭遇了挫折。

这一年的7月，小文的女儿得了手足口病。因为3个孩子总是一天到晚在一起玩儿，一听说小文的女儿得了手足口病，小柳和小陈就开始担心了，生怕自己的孩子在一起玩儿时被传染。

那么，如何避免被传染呢？只有一个办法，那就是“隔离”，也就是不和小文的孩子一起玩儿。如何做呢？小柳和小陈采用了不同的办法。

小柳的脾气很直，再加上年龄最大，平时她都以大姐自居，一听小文的女儿得了手足口病，她吓得大惊失色，抓起电话就打给小文：“小文啊，听说你家冰冰得手足口病了？那你可千万别带着她到处跑了，这半个月就先别来我家啦！”

其实，小文也是自觉的人，她准备把孩子放在家里进行隔离治疗，原本就没打算带孩子出去。听了小柳的一番话，她直接就把电话挂了，气得晚饭都没吃，她对老公说：“知人知面不知心，真没想到她是这种人。”

小文说：“作为好姐妹，如果说我哪里不好，我都能接受，但她不但不关心我家孩子的病情，还歧视我的孩子，更直接提醒我别去她家，这我没办法接受。”事后，虽然小柳对小文解释说：“我不是那个意思。”但仍然驱散不掉小文心里的阴影，俩人的友情出现了裂痕……

与小柳相比，小陈却是一个会说话、会办事的人。听说小文的女儿病了，作为一个母亲，小陈当然也担心自己的孩子在一起玩儿的时候会被传染，但是她没有直说，而是酝酿好情绪，拨通了小文的电话，慢条斯理地讲起来。

小陈说："文啊，听说咱宝贝闺女病了？情况怎么样啊？"

小文说："嗯，到医院看了，情况算是稳定下来了。"

小陈说："那就好，又要打针又要吃药的，孩子可真受罪。你也别太担心啊，只有你强大了，才可以保护好宝宝啊！"

小文听到这些话，心情好了许多，说："谢谢，谢谢！只是孩子这些天也不方便出门了，医生说要隔离治疗。"

小陈说："唉，我也愁，我家的宝贝得多难受啊，天天嚷嚷着找冰冰妹妹。我看着都心疼，可是没办法呢。我告诉他，等冰冰妹妹病好了，我带他们一起去游乐园，这才把儿子打发了。"

挂了小陈的电话，小文就感叹："陈姐姐做人，真的没话说。"

许多人都认为只需要对陌生人、客人客套，而对那些关系亲密的人则不需要太客气。其实不是这样的，不论什么关系，要想维持下去，前提与基础就是相互尊重。

小雨是一个很有礼貌的人，一次，一位朋友帮他做了点小事，他马上说了声"谢谢"，朋友很奇怪地问："大家都这么熟悉了，还用得着这么客气吗？"

小雨说："再熟悉你也没义务对我好，你帮了我，我应该感激你。"

后来，朋友逢人就说小雨的好话。

朋友之间也离不开客套话，因为朋友也有情绪，也有好恶。虽然朋友之间因为相互了解会多担待一些，但有些东西也冒犯不得。说话做事，要注意别伤了朋友的心。

不论什么时候，不论什么关系，适度的客气是维持友好关系的润滑剂。到朋友的家里做客，朋友通常会很客气地对你说："咱们都是哥们儿，你就把这里当成自己的家，千万不要客气。"若是你把这话当真，那么很可能会惹人讨厌。记住，进入朋友的房间和动朋友的东西之前，应获得别人的许可。

委婉赞美，收获好人缘

有位人际关系专家说："人与人之间的亲密与和谐，往往只需一份真诚和一句赞美。"如果你能够给予别人适当的赞美，便很容易获得别人的好感。当然，赞美也需要技巧，不能随意而为。有的人不懂得赞美的技巧，结果画虎不成反类犬，使赞美之词沦为阿谀奉承，给对方留下不好的印象。如果让人觉得你的赞美之词太露骨、太肉麻，不仅无法让人产生好感，反而会招致厌恶。

赞美讲究适当、适度，但应该怎样做呢？这很不好把握。实际上，当面的赞美往往因为度的把握不到位，而让人误认为是奉承和恭维，因此给人带来不好的感受。那么，有没有更好的办法让人感受赞美的愉悦呢？

你若直接针对一个人表示赞美，也许会让人觉得虚假。相反，如果你从侧面去赞美，也许就会好很多。

比如，你到某餐厅吃饭时，你若对厨师说："你真是一位了不起的厨师！"那么对方可能会觉得乏味。因为他知道还有很多比他更好的厨师，正所谓一山更比一山高。

因此，你可以换一种赞美的方式，如："很合我的口味，看来以后得常来啊！"这样的肯定岂不是更让人开心吗？

还有一种委婉赞美的方式值得我们学习，那就是背后赞美，或者通过第三者传达你的赞美。

有一天，张经理有些气愤地对秘书林小姐说："小林，咱们部门里的那个小王，我真是受不了她，请你转告她，如果她不改改那坏脾气，就赶紧走人吧。"秘书林小姐说："好的，经理，我会处理这件事的。"

后来，张经理再次遇到小王的时候，他发现小王好像变了一个人，变得既和气又温柔，和之前简直判若两人。张经理感到很奇怪，这人的性格变化也未免太大了一点吧。于是他便找到秘书林小姐，问她怎么回事。

林小姐笑着说："经理，你得原谅我假传'圣旨'。我跟王小姐说：'有很多人称赞你，尤其是张经理，说你既温柔又可爱，脾气好，人缘也好。'她听了很开心，这不，脾气也改了。"

张经理大赞秘书做得好，同时他也开始反思自己以前的做法。事实上，以前他赞美过下属，但显然效果不是很好，没想到这背后赞美比当面赞美的效果更好。

实际上，秘书林小姐利用了背后赞美的技巧。设想一下，如果有人告诉你，有人在背后说了许多关于你的好话，你能不高兴吗?

这些好话，如果是在你的面前说给你听的，或许适得其反，让你感到很虚假，或者疑心对方是别有用心。而背后听来，却觉得分外真实，特别悦耳。

假如你离开了原来的公司，到新公司应聘的时候，新公司的老总对你说："你原来公司的老总是我的同学，他跟我说过你，你是位很能干的人！"相信你会很高兴，同时也会很感激原来的老板。

事实就是这样的，既然一切如此明了，我们为什么不这样去赞美别人呢？如果你这样做，不仅能够让对方感到愉悦，还能够赢得他人的好感。

当你直接赞美对方的时候，对方极可能以为那只是一些应酬话和恭维话，目的只在于安慰他。要是通过第三者来传达，效果便会截然不同。此时，当事者必定认为那是认真的赞美，没有半点虚假，从而真诚接受，还对你感激不尽。因此，多在背后赞美，是使人际关系融洽的好方法。背后赞美，为什么会有这样神奇的效果呢？

首先，背后赞美体现出对他人的尊重和鼓励。也许他本身并没有你说的那么好，但是，对于你这种由衷的赞美，他总会有一些反应。

其次，背后赞美展现出你宽广的胸襟和真诚的品格。背后赞美，虽然是一件小事，但这样做可见你的胸怀。胸怀狭隘的人连一句好话都不愿意给别人，而胸襟宽广的人从不在背后说人坏话。

以上所述可以看出背后说人好话的妙处。如果背后说人坏话，相比于当面说坏话，则会让别人更加愤怒。也许人家原本对你的印象不错，但你在背后说人家的坏话，传到人家耳朵里，你想他的感受会是怎样的呢？那是一种被欺骗的感觉。因此，一定不要在背后议论他人的不是。

如果可能的话，最好不要在背后议论他人，尤其不要说他人的坏话。为什么这么说呢？因为背后说人坏话的风险比较大，传到别人的耳中，坏话有可能更变味。而在他人背后说一些赞美的好话，则不怕传不到对方耳朵里。对方一旦得知，会真诚感激你的赞美，你也会由此获得好人缘。

多说好话，别让人感到难堪

有位姑娘早晨上班时在电梯前遇见了同事阮姐，打过招呼之后，姑娘看了看阮姐的打扮，说道：“哎哟，阮姐，你今天的衣服搭配得很别扭啊！你这种衣服和发型不配啊！”

结果，阮姐因为那姑娘的这么一句话，好心情一下子就消失了，生了一天的闷气。

有位老人在路上遇到邻居，邻居问他干什么去，他回答说去看音乐剧。那位邻居听了之后，说道：“嘿，这就是小市民趣味啊！有什么可看的呢？”

之后，老人走在路上，心里头总不是滋味，不断地碎碎念：“什么叫小市民趣味？什么叫小市民趣味？”到了剧院门口，他想了好一会儿，最终没有买票，但心里始终有种不舒服的感觉。

假如你是那位阮姐，听到那样的话，心里会高兴吗？假如你是那位老人，听到别人说你小市民趣味，心里会是什么感受呢？

对于好话、喜庆的话，谁都不会拒绝，而对于坏话、别扭话，没有几个人会有好脸色。难道说好话就这么难吗？如果你不会说好话，那不妨多去商店里逛逛，好好地学一学。

百货公司里化妆品专柜的店员永远都不会说的两个字是“老”和“丑”。每天，都会有一些中老年妇女来到专柜前，说自己皱纹又多了几条，脸上的色斑又跑出来了，眼袋似乎越来越明显了……她不是要找专柜店员承认她的老和丑，而是渴望别人给她一点希望，让她重新拥有自信。

这时候，那些业绩惊人的专柜店员就会说：“您看起来就像我的姐姐，甚至更年轻呢！”“不会！您这个年纪，这点色斑算是很少的，我看过很多女演员，年纪轻轻的，色斑比您的多很多呢！”“您的皮肤保养得真好！看起来又白又嫩，只是水分稍微少了点，我们刚好推出一组保湿美白的乳液，挺适合您用，要不要试试看？”“我看看！这鱼尾纹每个女人都有，您的一点也不深，而且我敢保证您的生活一定很幸福，幸福的女人常常笑，笑得多了才有鱼尾纹，而且您笑起来眼睛特别有魅力，如果我是帅哥，一定要追您！来，这瓶除皱霜可以让您的鱼尾纹变得更浅，慢慢皮肤又会紧实了！”

老实说，这些专柜店员个个都比心理医生还厉害啊！她们全部是攻心说话的高手。一个从事心理咨询的医生说：“对女人来说，最好的心理医生是化妆品专柜店员，很多心理医生在恢复病人自信的功力上，都比不上她们。”

好听的话，人人爱听；不好听的话，人人唯恐避之不及。多说好话——赞美、鼓励、安慰、增强他人信心的话，是一种顺乎人心、使人身心愉悦的行为。

如果我们能常说好话，就能改善人际关系。如果每个人都善于说好话，则能促进社会和谐，化解不必要的矛盾和冲突。就让我们从日常生活开始，一起来多说好话。

少说不顺耳的话，多说一些好听的话。多赞美人家的好，多表扬人家的优点，少说人家的不好，少提别人的缺点。通过你说出来的话，人们就可以发现你内在的想法，还有你本身的修养。

女人喜欢听人说她很美丽，男人喜欢听人说他很强大。每一个人都希望听好话，而不喜欢听坏话。若你的话难听，就别怪他人讨厌你。即便那些不好听的话是诤言挚语，也不能让人高兴。爱听好话是人的天性，会说好话的人才能人见人爱。

多说一些悦耳好听的话总是不错的。如果你可以对大家说一些好听的话，就会发现大家给你的鼓励也越来越多，对你的信任也会越来越强。也许这对你来说，是一种莫大的助力。

Chapter 3

第三章

和颜悦色说话，让人喜欢你

说话客气点，和气才能生财

小黄刚大学毕业没几年，在一家装潢公司做设计工作。有一次，他们给一家单位制作一个大灯箱。客户单位的负责人坚持要装潢公司的安装人员按照他建议的方案安装灯箱，结果灯箱安装到一半的时候，因为操作方法不当摔坏了。

小黄得知此事后，非常生气，他理直气壮地找客户单位的负责人理论："我说你也太多事了，安装灯箱是我们的事，你怎么可以指手画脚呢？"

客户单位负责人自知理亏，连忙道歉："不好意思，是我多嘴了，没想到事情会弄成这样。"然而，小黄还是不依不饶："道歉就能解决问题吗？这损失算谁的？"

客户单位负责人见小黄没有缓和的意思，也不高兴了，声音就提高了几分，说："虽然我是说了几句，但我不过是提了个建议，他们是专业人员，怎么没有说明这个建议存在问题呢？"

小黄一听更火了："这么说你是想赖账啊？"客户单位负责人更不高兴了："你怎么说话呢？会不会说话？"

两个人你一言我一语地吵了起来。年轻气盛的小黄自觉占理，最后丢下一句"我们法庭上见"就走了。

可没想到的是，回到公司，小黄的上司就把他训斥了一顿：

“你怎么做事的？你怎么不动动脑子呢？咱们和他们公司，仅仅是一个灯箱的事情吗？啊？我们和人家闹僵了，今后还怎么合作啊？”

上司最后对小黄说：“去，给对方赔个不是，争取把损失降到最低！”

小黄非常郁闷，只好硬着头皮去找那家单位的负责人。让小黄意外的是，那单位的负责人也很诚恳地向他认了错，两个人冰释前嫌，商定损失各负担一半。两个人不打不相识，自此成了好朋友，两家公司业务上的往来明显增加了。

事实上，客户单位的负责人并不是一个不通情理的人，只是小黄在气头上，言辞太过激烈，得理不饶人，才使两个人闹得很僵。

小黄在得知对方的多嘴导致灯箱摔碎时，气势汹汹地找对方理论，这使对方很反感；在对方向他道歉后，他仍然不依不饶，结果激化了矛盾，导致两个人起了激烈的争执，最后不欢而散。

如果不是小黄的上司让小黄给对方道歉，两个人别说成为朋友，光是灯箱的问题都解决不了，而且还可能影响到两家公司今后的合作。

去找对方道歉的小黄，不仅与对方成了好朋友，而且两家公司还多了许多业务往来。所以说，和气生财绝不是一句空话。

在人际交往的过程中，随时都有可能发生矛盾。当矛盾发生的时候，最好能忍住即将爆发的激动情绪，静下心来与人商量怎么解决问题，这样才能阻止矛盾的激化。千万不要做一点就爆的“炸药包”。

想要做好事情，做好生意，搞好人际关系，这份“养气功夫”绝对少不了。和气生财不是废话。善于控制自己的情绪，尤其是在自己容易情绪激动的时候，能保持冷静的思考，做事就稳妥些，成事也不再那样困难。

所谓和气生财，不和气不说话。哪怕是表达相反观点的话语，也要做到一团和气。这是中国人的理性和风度。缺乏风度的歇斯底里是绝对不提倡的。像疯狗一样，失去理智，乱叫乱嚷，只会失去别人的支持。

和气是一种理智的说话智慧，也是一种为人处世的原则。它告诉我们，天下之事没有尽如人意的，一定要用平和的心态去对待。不懂得和气处世之道，你会觉得四处都是问题，甚至觉得世界上没有一个好人；反之，若你懂得和气的说话之道，也就更容易与别人和谐相处。

用平和的心态去对待人和事，和气地说话，不但符合客观的要求，而且别人也会因为你的态度愿意与你相处。这样，不但可以使自己变得受人欢迎，也会让你的事业更快有所成就。

《论语》有云：“小不忍则乱大谋。”对人、对事都要有耐心，不能一遇到问题，就想着找别人的麻烦，甚至拆台。为了小事而生气，破坏彼此的合作关系，得不偿失。当冲突或矛盾发生时，暂时退一步，冷静下来，和气地商量解决问题的办法，这才是我们应该做的事情。

维护他人的尊严，不揭人之短

明太祖朱元璋出身贫寒，做过牧童、和尚和乞丐，历经磨难，最终登上了皇帝的宝座。朱元璋富贵了之后，昔日的穷亲戚、穷朋友都来京城投靠他。这些人都以为朱元璋会念在昔日的情分上，给他们个一官半职。谁料到，朱元璋最怕的就是别人知道他的老底，翻他的旧账。因为这些会大大有损他的威信，因此，朱元璋对来访者大都拒而不见。

不过，有位儿时的好友能耐不小，几经周折总算进了皇宫。朱元璋不得不与他见上一面，谁知那位儿时好友一见面，便非常不客气地说："哎呀，朱重八，你当了皇帝可真威风呀！还认得我吗？当年咱俩一块儿光着屁股玩耍，你干了坏事总是我帮你顶着。记得有一次咱俩一块儿偷豆子吃，你吃得太急，豆子卡在嗓子眼儿，还是我帮你弄出来的。怎么，不记得啦？"

那位老兄喋喋不休，越说越离谱，朱元璋脸色很不好，最后实在忍不住了，大喝一声："住口，你是什么人，敢在这里大放厥词？来人，给我拉出去斩了！"就这样，那人还不知道自己什么地方做错了，就稀里糊涂地丢了性命。

在人的一生中，总会有些不光彩的事。或者在身体、性格上存在某些缺陷，而这些就构成了一个人的短处。每个人的短处都是不愿意让别人知道的。如果不加考虑，随便揭人的短处，就会惹下麻烦，就像朱元璋儿时的朋友那样。因此，说话不要揭人短处。

张小姐是一个办公室文员，性格内向，不太爱说话。可每当就某件事情征求她的意见时，她说出来的话总是很刺人，而且她的话总是在揭别人的短。有一次，部门的同事穿了件新衣服，别人都称赞说“漂亮”“合适”之类的话，可当人家问张小姐感觉如何时，她直接回答说：“你身材太胖，不适合。”甚至还说：“这颜色你穿有点艳，根本不合适。”

这话一说出口，便搞得当事人很生气，而且周围大赞衣服如何好的人也很尴尬。因为，张小姐说的话有一部分是事实，比如说该同事的体态就是比较臃肿。虽然有时张小姐会为自己说出的话不招人喜欢而后悔，可很多时候，她照样我行我素。

久而久之，同事们都把她排除在集体之外，很少就某件事去征求她的意见。尽管这样，如果偶然需要听听她的意见时，她还是管不住自己，又把别人最不爱听的话给说出来。公司里几乎没有人主动搭理她，张小姐自然明白大家不搭理她的原因。

中国式客套话的内核，就在于发展和谐共赢的社会关系。所以，中国人待人处世，善于发现对方身上的优点，夸奖对方的长处，而不是抓住别人的隐私、痛处和缺点大做文章。

有两个老师，因为都是教语文的，所以有时候喜欢辩论工作上的问题。其中，张老师是一个慢性子，所以说话也是慢条斯理的。在辩论的时候，她常常因为仔细思考，而把自己的观点阐述得十分圆满。

而曹老师却是一个急脾气，说话做事都是火急火燎的，所以在辩论的时候，也只是急着说，思考的时间却很少。所以，辩论的结果常常是张老师获得最后的胜利。这一点让曹老师很是不服气。

有一次，两个人又因为一个学生学习方面的问题开始辩论，曹老师依然改不了急脾气，可是不一会儿，她就词穷了。她又气又急地说："每次说这样的事情我都说不过你，我们干脆不说这个了，我们就说说自己的女儿吧。"

办公室里的很多老师都知道，张老师的女儿因为做过手术留下了后遗症，所以行动有点不便，而张老师平时最忌讳别人说自己的女儿。

曹老师这样做，不过是因为辩论不过张老师而恼羞成怒，当面戳张老师的痛处。有个老师有些看不下去，对曹老师说："我们的女儿都太丑了，没有办法和你的女儿比。"

说话的这个老师有一个漂亮的女儿，大家都知道她这是在讽刺曹老师。曹老师一时很尴尬，只好悻悻地坐下，不再说话。但是，从此以后，曹老师再想找人讨论问题的时候，没有人愿意和她说话。

每个人都有所长，亦有所短，没有人是绝对完美的。也就是说，每个人都有破绽。当你点破一个人的短处，不仅会使这个人感到难堪，还会使其他人心寒。其他人会觉得你太过分，甚至会担心有一天你也会这么对待他。这样一来，大家就会对你产生不好的印象。

即使人家不小心得罪了你，你也不能因为想报复他而当着那么多人的面揭人之短，伤人自尊！当然，有时候揭短也是无意的，那是因为某事一不小心犯了对方的忌讳。有心也好，无意也罢，在待人处世中揭人之短都会伤害对方的自尊，轻则影响双方的感情，重则导致友谊的破裂。所以，要想与人友好相处，就要尽量体谅他人，维护他人的尊严。

说句“对不起”，化解意气之争

上下班高峰期，道路上堵满了车辆。一辆汽车里坐着一个男子，他焦急地按了按喇叭，喇叭声惊动了前面的一辆绿色电动车的车主。电动车车主转头看了一眼，没好气地说了一句骂人的话。

汽车车主一听这不客气的话，原本焦急的情绪顿时变成了一腔怒火。他打开车门冲上前去，指着电动车车主：“你怎么说话？懂不懂礼貌？”

电动车车主被汽车车主手指一戳，加上一连串火药味十足的问话，不禁大怒道：“我就爱这么说话，干你什么事啊？！”

气氛瞬间变得紧张起来。汽车车主咧嘴瞪眼，威胁着要打电动车车主；电动车车主将车子停靠下来，从后座上抽出锁车的大铁锁链拿在一只手上，另一只手指着汽车车主，说：“有本事你动我试试！”

汽车车主大怒道：“就动你怎么了？我还打你呢！”说着挥起拳头，一拳就打在电动车车主的脸上。电动车车主冷不防被揍，心中那个恨啊，也不管脸上隐隐作痛的伤，回身抡起手中的大锁链就向汽车车主抽了过去……随即二人厮打在一起。

周围有人发现了这里的冲突，纷纷跑过来劝架，好不容易才将二人分开。询问事情的经过，电动车车主说对方乱按喇叭不对，还先动手打人，汽车车主说对方骂人不礼貌，惹人在先。众人议论纷纷，一会儿觉得电动车车主过错在先，一会儿又觉得汽车车主做事不对。

眼看事情越闹越僵。这时，有个老人走了出来说道："你们都不要争了，这件事情两个人都有过错。乱按喇叭不礼貌，随便骂人不文明，动手打人更不应该，所以你们就相互道个歉，化解这段矛盾吧。怎么样？"

老人的话得到了大家的附和，但两个当事人却不同意，这个说："我凭什么要道歉啊？是他有错在先，还动手打人！"那个说："他不骂人，我怎么会动手？应该他先道歉才对！"

老人听了，笑道："好啊，你们说的都很对，实际上你们道不道歉都无所谓，但是你们就为这么点小事互相斗气，搞成现在这副样子，值得吗？现在你们两个人都头破血流，形象全无。"

二人顿时默不作声。老人接着说道："其实这件事你们只要有谁先说一句'对不起'，根本就不会发生。你们不认识吧？两个人都是初次见面，远日无怨，近日无仇，一句话就可以化解的矛盾，何必弄成像有深仇大恨一样呢？"

可惜老人的一番话都白讲了，两个人都咽不下这口气，放不下面子道歉，最终还是闹到了派出所里。

试着多说一句"对不起""没关系""谢谢你"，换来的不仅是和谐的关系，还有一份好心情。

许多问题的关键，不在矛盾发生之后的解决办法，而在于矛盾发生之前的处事方法。实际上，如果两个人在之前采取正确的处事方法，便完全可以避免冲突的发生。

如果汽车车主能够考虑到别人的心情，了解到别人也与自己一样焦急，在胡乱按喇叭表达自己的情绪之后，能够向被自己影响的人说一声“对不起”，也许就不会引起后面的矛盾。

如果电动车主听到喇叭声，能够体谅别人的焦急，说一些体谅和安慰的话，或者能够及时地为自己的失言行为说一声“对不起”，也许就不会造成彼此的争端，以至后来的打斗。

可惜的是，两个人都没有体谅对方的心情，也没有及时地认识到自己的错误，更没有为自己的过失行为而道歉，以至矛盾升级，冲突顿起，终致大打出手。如果当事人有一个能先说一句“对不起”，何至于闹得不可开交?

一句“对不起”就可以化解的怨气，结果闹到头破血流的地步，只是因为一点小事，何其不值得!

不论你做什么事，有的人会受益，而有的人却未必。无论何时何地何事，只要你打扰到别人，都应当道声“对不起”。当你在公共汽车上，不小心踩了别人的脚，要说“对不起”；大家一起吃饭，你要提前离开，应当对大家表示抱歉，说声“对不起”；你比约定时间迟到了，哪怕你有任何充足的理由，也要说声“对不起”；两人迎面而过，即使相距甚远，根本不会碰撞，也应当说声“对不起”；等等。总之，你让别人不高兴，你就有义务对人说声“对不起”。

有理还要让三分，不仗势欺人

于右任先生是我国著名的书法家，他于20世纪50年代迁居台湾地区。当地许多商人知道于右任是书法名家后，为了让自己的生意兴隆，这些商人就在自己的公司、店铺或者饭店门口挂起了一幅幅于右任题写的招牌。这其中确实有一些是于右任亲笔题写的，但是多半都是赝品。

有一天，于右任的一个学生满脸愤怒地对他说："老师，中午我去一家小饭馆吃饭的时候，竟然在那里看到了一幅以您的名义题写的招牌。光天化日之下，这些商人竟敢明目张胆地愚弄大众，您说这事可气不可气？"

当时正在练习书法的于右任听到学生的话，很是惊讶，他放下毛笔，缓缓地问道："那块招牌上的字写得好不好呢？"余怒未消的学生撇着嘴说："啊呀，不知道是出自谁的手笔，那个难看劲儿，就别提了！"

于右任沉思一会儿，说道："这可不行！我得想办法把它换下来，那么难看，别人看到的话，岂不要耻笑我？"于是他接着问学生："那家饭馆卖的东西有什么特点，铺子的名字叫什么？"

学生回答："那是一家面食馆，羊肉泡馍倒是做得很地道，铺名叫作'羊肉泡馍馆'。"随后，于右任便挥毫泼墨，在一张大大的宣纸上写下龙飞凤舞的几个大字——羊肉泡馍馆，然后在落款处写上“于右任题”，之后盖上印章并吩咐那个学生给那家店的老板送过去。

当那家店的老板得到大书法家于右任的真迹的时候，激动不已，连忙换下原来的招牌，并向来人表示对于右任的歉意，同时还感谢他的慷慨相助。此事过后不久，于右任的名声在业界变得更加响亮了。

实际上，大名鼎鼎的书法家想要指责一家小小的饭馆的老板，是一件很简单的事情，但是于右任先生没有这样做。他不仅没有和伤害自己利益的人争执，反而顺势而为，既解决了问题，又赢得了赞誉，这难道不是一举两得的好事吗?

凡事不要斤斤计较，这样在得失之间才能求得平衡。当然，得与失相互转化的效果，有时候并不是马上就可以见到的，因此只有那些懂得其中奥妙的人，才会掌握取舍的主动权，让退让发挥出意想不到的效果。

在生意场上也好，在外交场合也好，在个人之间、集团之间和国家之间，有时需要做出让步。而有理还让三分的做法，不仅体现美好的德行，还反映出高超的智慧。

在一家安静的餐厅里，突然响起一阵叫嚷：“服务员！服务员！来一下，快来一下！”一位顾客一边高声喊叫，一边指着面前的杯子，脸罩寒霜，说：“你们的牛奶是坏的，把红茶都糟蹋了！”

服务员看了一下，连忙笑着说：“真对不起！我马上给您换一下。”

新的红茶很快就准备好了，和先前的红茶一模一样。碟子里放着新鲜的柠檬，杯子里盛着牛奶。

服务员把杯碟轻轻地放在那名顾客面前，然后轻声地对他说："先生，您如果放柠檬就不要放牛奶，因为有时柠檬酸会造成牛奶结块。"

那位顾客的脸一下子就红了，他很快喝完了茶，匆匆地离开了餐厅。

旁边有人看到这一幕，笑着问服务员："明明是他不懂，你为什么不直接说他呢？他那样不礼貌地喊叫，你为什么不还以颜色？"

服务员轻轻一笑，说："正是因为他不礼貌，所以我才要用婉转的方式去对待。正因为道理一说就明白，所以我不用大声。"

听了她的话，餐厅的人都点头笑了，对这个餐厅好感大增，同时也对这个服务员印象深刻。而那位原本粗鲁的客人，后来也常常来这个餐厅，但是他从此却变得和颜悦色、轻声细气地与服务员寒暄。

讲理是做事的前提，讲理看似是天经地义的事情，但是，讲理的目的并不是吵架、闹矛盾，也不是争强斗胜，而是赢得支持。一个人要赢得支持，很显然不能以理压人，而应该以理服人，这样就需要学会忍让。

其实如果能够学会在这些小事上，适当地让人三分，用宽容之心待人，那么许多冲突和矛盾是完全可以化解的。

有理也让三分，不仅可以化解矛盾，还能够让彼此加深理解，增进友谊，对于建立融洽和谐的人际关系起到促进作用。做事要留有余地，不把事情做绝，于情不偏激，于理不过头，得理之时不妨让人三分。

理不直的人，才常会用气势去压人；理直的人，则应该用和气来交朋友。只要不是原则问题，不妨让着点，妥协一下，这样才能更容易达到目的、获得双赢。

越是有理、越是强势的一方，越要懂得退让之道。这将让人看到你的胸怀和气度。人生在世，不可能一帆风顺，摩擦难免，遇到这种情况，如果你总是斤斤计较，不知退让，你的生活肯定会蒙上一层阴影，甚至会让你狼狈不堪。反之，如果你善于退让，和气待人，与别人相处就容易多了。

不要一味争执，冷静下来再说

朱先生是位很有经验的司机，他学历不高，但是口才非常好。他很喜欢和别人辩论，而且每次他都能在辩论中胜出。

因为他对汽车非常熟悉，后来就做了汽车推销员，但是很长一段时间，他都没有卖出去一辆汽车。他为此十分困惑，不知道自己的问题出在哪里。后来，他去找销售培训师指点迷津。

销售培训师观摩了朱先生的推销过程，立刻发现不管是谁，如果说出了不符合朱先生心意的话，他就会毫不犹疑地辩驳。“不可否认的是，你是一个非常出色的辩论家。从你得意的神色就可以看出来，你对自己的口才也是相当满意。但是我想说的是，你有病吗？”培训师说。

朱先生脸上立刻没有了得意，当时就想发作。培训师挥了挥手，打断了他，然后严肃地对他说：“你以为我说错了吗？你是想要和我辩论吗？但是我告诉你，我不想和你辩论，也没有必要和你辩论。我现在只是想要告诉你，你错了。”

朱先生张嘴想发言，培训师再次打断他：“你不要说话，现在你要听我说。因为我能告诉你，你的问题出在哪里；因为我能教你，该怎么做才能出单。”

朱先生的脸憋得通红。培训师看着朱先生的眼睛，大声地说：

“请问，你为什么要与有意购买汽车的人发生争执并激怒他们呢？请问，这样做对你有什么好处吗？你赢了辩论，感觉很得意吗？但是，你的业绩却是零！你有什么好得意的！你知不知道，你的目的是说服他们，而不是和他们争吵！”

被销售培训师一顿数落，朱先生无话可说。这个时候，培训师才缓了口气，平心静气地说：“朱先生，你现在是否觉得胸口发闷，非常不爽呢？这就是在辩论中失败后的感受，也就是你的那些客户的感受。你能够体会到吗？如果你能够体会，那么你就应该明白，你最需要学习的不是如何讲话，不是如何表现你的口才和辩论技巧，而是学会保持谦恭，管好自己的嘴巴，不要和任何人发生口角。你想一想，是不是这样？”

讲完道理，销售培训师对朱先生进行了指导。朱先生随即对自己的行为进行了调整和改正，很快，他就出单了。

有些人喜欢抬杠，一搭上话就针锋相对，无论别人说什么，他都要加以反驳。为什么会这样呢？因为他不喜欢听取别人的意见，而且自以为比别人高明，事事要占上风。即使他真的比别人高明，这种态度也是要不得的。说白了，这种人是在说话方面缺乏风度。

许多人因为喜欢表达不同意见，得罪了不少朋友，有些人总是坚持让别人同意自己的观点，这是没有风度的表现。这种人总是把自己的意见当成绝对正确的，而把别人的意见当成愚蠢幼稚的，其结果只能是出口伤人。只有将对方置于同一个平台交谈，显出谦虚的风度，才能获得人心。

仔细去观察一下生活中的人和事，你会发现，那些每次跟女朋友吵架都能赢的人往往不会有长久的恋情。为什么？吵赢了对方，不代表你真的说服了对方。若你足够明智，就不要与人发生争吵。

下面是几个小技巧，希望能够帮助你走出争论陷阱。

1.“我又陷入争论了吗？”时常留意自己的状态和与他人谈话时的气氛，经常问自己：“我又陷入争论了吗？”及早察觉到即将或已经陷入争论，是从争论的泥潭中走出来的拐点。

2.“这件事重要吗？”一旦察觉到正在争论或有争论的倾向，自问：“这件事重要吗？”夫妻之间，绝大多数争论都是鸡毛蒜皮的小事，不要缠绕在争论里，使得吃一顿饭都吃得不愉快，或破坏一个良宵。

3.“我一定要现在说服对方吗？”如果谈话的气氛不愉快，是很难靠争论或争吵说服别人的。即使是重要的事，也不一定要现在说服对方。如果争论起来气氛不愉快了，不妨先搁下来，问自己：“我一定要现在说服对方吗？”反思片刻，等彼此心情好的时候换一种方式再商量。

4.“我一定要说服对方吗？”双方是否可以各持己见呢？别人是否可以不按照自己的想法去做呢？如果一定要别人按照自己的看法去做，否则就恼怒不止，那就是“控制狂”，这样的人通常处理不好人际关系。建议这样的人常反思“我一定要说服对方吗”这个问题。

5.“没有对错，只有和气。”其实，现实生活中的很多事往往都没有对错之分。但是很多人，特别是夫妻，却往往为了对错争论不休，结果闹出大矛盾，破坏了双方的感情。当你情绪激动，想要和对方一争高低时，不妨想想这句话："没有对错，只有和气。"

如果你能够善解人意，善于站在别人的位置上考虑问题，那么很多不必要的冲突与争执就可以避免了。天下只有一种方法能得到争论的最大利益，那就是避免争执。如果你争强好胜，总是与人争执不休，或许有时能获得胜利，然而，这种胜利是空洞的，因为你永远得不到对方的好感。记住，不但不要争论，而且不要试图强迫他人接受你的观点。

刚柔相济，让人不再小看你

展先生到新单位才一个多月，却觉得特别累、特别烦，让他产生这种感觉的就是公司的财务主管陈哥。陈哥是老总的亲戚，在公司里挺有地位，不知为什么，他对展先生没有好脸色，还在背后说展先生的坏话。

展先生特别无奈，他是新来的员工，为了工作的开展，他自然很想改善自己同这个财务主管的关系，可是每次自己的善意都打了水漂。陈哥根本就不理睬他的示好，他也就不想再自讨没趣了。

这天，财务室通知展先生去领出差报销费用。展先生接过钱一看，只有 700 元，还少了 600 多元，就拿着钱去找陈哥。

陈哥冷着脸说："发票上就这些，你还想要多少？"说着把展先生的出差发票摔了过来。展先生一查发现少了一张住宿发票。可陈哥却说："你给我的就这些，谁知道你把发票弄到哪儿去了？"

展先生明白了，这一定是陈哥在搞鬼。他忍住一口气，平静地说："发票交上去的时候，我是编了号的，我用铅笔在发票背面标好了，当时同事小王、小赵都在场，但现在发票却少了。我要去找老总，如果老总也说责任在我，那我自认倒霉！"

陈哥这下傻了眼，也不说话了。展先生趁机又说："陈哥，其实我也不想把小事闹大，闹到老总那儿不好，你说是不是？我想会不会是会计把发票弄丢了，最近事情这么多，你也不可能都照顾到，要不你再找找！”

陈哥连忙点头。下午的时候，陈哥亲自把钱给了展先生，后来再也没找过展先生的麻烦。展先生是一个很聪明的人，完全掌握了刚柔相济的谋略，结果大获成功。

现实生活中，每个人都可能遇到这种事，这时候你就要学习展先生那种刚柔相济的策略。

采用刚柔相济的手段，一方面可以体现你的友善和通情达理，安抚他人的情绪，避免激化矛盾，造成激烈的冲突；另一方面又能显示出你的威严和力量，催逼对方，达成自己的目的。这种进退自如的手段，自古以来便常被人们所用。

心胸豁达，要有容人之量

北宋名相韩琦，器量过人，生性淳朴厚道，不计较鸡毛蒜皮的小事。功劳天下无人能比，官位升到臣子的顶端，不见他沾沾自喜；不被重用时，就回家享受天伦之乐。不管在什么情况下，他都能做到泰然处之，不被别的事物左右。

他在定武统率部队时，经常在夜间伏案办公，这个时候通常有一名侍卫举着蜡烛为他照明。

有一次，那个侍卫一不小心走神了，烛火烧了韩琦的鬓角，但是，韩琦没说什么，只是急忙用袖子蹭了蹭，又低头办公。

过了一会儿他停下歇息时，发现举蜡烛的侍卫换人了。韩琦担心原来那个举蜡烛的侍卫受到责罚，就赶快把侍卫长官喊来，告诉他说："不要替换刚才那个侍卫，因为他已经懂得怎样拿蜡烛了。"

后来，军中的将士们知道此事，无不感动。因为侍卫举着蜡烛照明时没有全神贯注，把统帅的头发烧了，本身就是失职，但是韩琦连一句责备也没有，不但忍着疼，还怕侍卫受到鞭打责罚，极力替其开脱。

他这种容忍比批评和责罚更能让士兵改正缺点、尽职尽责，而且韩琦有这样的容人度量，士兵们谁不愿意为这样平易近人的统帅卖命呢？

韩琦镇守大名府时，有人献给他两只玉杯，这两只玉杯里外都毫无瑕疵，是稀世珍宝。韩琦非常喜欢这两只玉杯，每次大宴宾客时，总要命人专设一桌，在桌子上铺上锦缎，将那两只玉杯放在上面使用。

有一次在劝酒时，有一个官吏不小心把玉杯碰到地上，玉杯摔了个粉碎。在座的官员惊呆了，碰坏玉杯的官吏也吓坏了，连忙趴在地上，请求韩琦治罪。

可是韩琦笑着对在座的宾客说："大凡宝物，是成是毁，都有一定的时数，该好的时候就好，该坏时谁也保不住。"

说着，又对趴在地上的官吏说："你只是失手罢了，又不是故意的，我要治你什么罪呢？"

玉杯已经打碎，再怎样修补也不能复原，即使把那个打碎玉杯的官吏责骂、痛打一番，也只是徒劳。那样不但会使众位宾客十分尴尬，也会使那个官吏心生芥蒂，好端端的一场聚会也就不欢而散。

韩琦说出这样大气的一番话，立刻博得了众人的赞叹，而那个做错事的官吏对他更是感激不尽。

有句名言："宽容是在荆棘丛中长出来的谷粒。"能退一步，天地自然宽。在单位与同事相处时，也要用宽容的态度。对领导的批评要虚心接受，同事之间的小摩擦要学会遗忘，胸怀大一点，前途也宽一点。

小董是名牌大学毕业生，人很文静。她在一家事业单位工作，单位里要写很多材料，她毕竟刚来，公文写作还不很熟，于是每次写好后，她都要给同事老王看，待老王修改完，她再拿去请科长审查。

很快，小董的材料越写越好，老王已经没有什么可以修改的了，可科长仍旧东涂西抹，不留情面。小董没说什么，依然是很谦和地请科长批改。老王愤愤不平，他认为科长的水平修改不了小董的文章了。

老王以讽刺的口吻说："他现在是科长，也只能够修改科员的文章。"小董只是笑，一点也不介意。有时老王说重了，她也只是说："不就是改材料嘛，又不是修改我的人生。"

由于小董的谦虚勤奋与豁达，科长很赏识她，把她推荐给上级宣传部门。有一次，上级要求科里写一个大材料，材料组织好后，科长让人先送到宣传部门，说是请上级把关。

两天后，小董把材料修改好，科长再把这个材料呈报，结果得到了上级的好评。科长很满意，说"小董还真行，我没有看错人。"

小董请大家吃饭，老王私下里对小董说："你应该让科长请你吃饭才对，那文章是你写得好。"

小董说："那怎么行，我会写材料本来就是你们教的，我得感谢你们才对。"老王又说："这回科长再也不敢乱改你写的材料了吧？"

小董笑道："没有科长指点，我的进步也不会这么快。"老王回去后，想起小董的话，又想到自己，感到很惭愧。

如果在工作中谦虚宽容，有气量，不斤斤计较，那么，同事之间就能化干戈为玉帛，多一些宽容和理解，相互间的关系也会融洽很多。

世界由矛盾组成，任何人或事情都不会尽善尽美。无论是“患难知交”“亲朋好友”，还是“模范丈夫”，都是相对而言。不必羡慕别人，不要苛求自己，常用宽容的眼光看世界，友谊、事业和家庭才能稳固、长久。

宽容是忍耐，丈夫的臭脚，妻子的脏头发，婆媳之间的矛盾，都要我们用宽容的眼光看，用忍耐的态度对待。宽容是谅解，有人伤害过你，也不要记恨，多一分宽恕就多一分理解，隔阂由此可以化解。只要心胸豁达，就会获得好人缘，有容乃大，自然也就多了一分成功的机会。

多把别人挂嘴边，少标榜自己

小王刚到公司不久就做出了大成绩，被升为项目组长。同事小兰很是赞叹："小王，你真是太强了，这就升职了！"

"小意思啦，那个项目本来就简单。再说，你也不看看我是谁，我可是名牌大学毕业的高才生，没两把刷子还怎么混呢？"小王扬扬得意地说。

小兰连忙点头称是。

后来，小兰跟同事小林说："小王的组长干不长，小组肯定没人会听他的，更没人会喜欢他。"

小林不相信，但不久之后，小林就惊奇了，对小兰说："你真神啊，都被你说中了，他们小组的组员有的去了别的组，有的居然离职了。现在他几乎成了光杆司令。你是怎么看出来的呢？"

小兰笑了笑，说："他说话太狂了，恃才自傲，目中无人，成为光杆司令是必然的结果。"

有些人被虚荣心或荣誉心所驱使，总是在人前人后自我吹嘘。如果每天他人见到的都是你在述说自己的丰功伟绩，久而久之朋友就会离你越来越远。做人要谦虚，即便自己有能耐，也不能忘记他人对你工作的支持。总是强调自己有多么了不起的人，又怎么可能受到别人的欢迎呢？

有的人不仅自高自大，还喜欢打压别人。要是觉得人家不如自己，就拼命地贬低，把人家说得一无是处，试图显示自己的本事和贡献。这样的做法是最不得人心的。若能待人客气一些，则能够避免许多不必要的麻烦。

老刘是一家建筑公司的机械工程师，因为有很多年的实践经验，所以老刘的技术在公司里是数一数二的。最近，公司新来了一个比老刘年纪小的工程师，虽然工作的时间没有老刘长，但是技术却不在老刘之下，这让老刘心生嫉妒。

有一次，公司接到了一项大工程。在工程施工的过程中，机械出了一点故障，老刘弄了很久也没有将故障排除，但是新来的工程师一小会儿就把故障排除了。大家纷纷称赞这个新来的工程师，老刘站在一边感到很难堪。

新来的工程师却握住老刘的手，谦逊地说：“不要夸我了，是刘师傅把前面的很多问题都解决了，才让我这么快就弄好了这台机器。如果不是刘师傅做好了这些事情，我还不知道要花多长时间才能把这个故障排除呢。”

老刘听到这样的话，顿时觉得舒服多了，笑道：“哪里，哪里，还是你的技术高明，解决了最关键的问题。”

新来的工程师的说法，既没有伤害老刘的面子，也没有抬高自己的功劳，这样做不但维护了老刘的尊严，也使得老刘放下了心中的怨念，同时还让人感受到了一种胸襟和气度。

少标榜自己，多把别人挂在嘴边，是一种谦虚、有涵养的表现。不仅如此，我们还应该尽量抬高别人的地位，这样做对于我们自己而言，是没有坏处的。

哪怕是在做自我介绍的时候，也别只顾着说自己，此时若能够对他人致以问候，会让你的自我介绍更加吸引人。

在一次销售员见面会上，大家轮流做自我介绍，分别报了姓名、家乡以及职业，几乎是通用版本“大家好，我叫××，来自××，现在做销售”，唯有安小姐的自我介绍令大家耳目一新。

她说：“大家好，能在这儿见到这么多朋友，真令人兴奋。我是天马物流公司的安然，这是我的名片。”她满脸微笑，声音极具亲和力，把名片派发给大家之后，又简略介绍了自己负责的业务范围，并且说明如果有需要尽管联系她。

安然的自我介绍，一开头就说到了其他人，而不是只顾着介绍自己的情况，这说明什么呢？她很关注别人。与此相反，那些做自我介绍只顾着说自身情况的人，往往很难与他人产生互动，更不必说受到人们的欢迎了。

有些人才学、相貌、家庭等都十分出众，令人羡慕。他们在与人相处的时候，常常不看场合，大露锋芒，表现自己，言谈之中处处流露出一种优越感。这样会给对方留下居高临下的印象，甚至让人误以为他有意炫耀抬高自己，因为对方的自尊心受到严重挫伤，对他也会敬而远之。不论什么时候，与人相处都要站在对方的立场考虑问题，控制情绪，保持理智平衡，态度谦逊，虚怀若谷，让人感受到尊重和平等。

Chapter 4

第四章

精彩表达，让人喜欢你

话语出彩，表达精彩

根据口才的含义和口语表达的构成要素，一个人有口语表达能力应当具备以下几个条件。

1. 掌握灵活多变的表达技巧

根据交际意图和目的熟练地运用语言技巧来展开话语、表达思想，同时应具有灵活机智的应变能力，即对应情况而说话。《论语·先进》中讲了这样一个故事：子路和冉有都问孔子，“闻斯行诸”的意思是听到的事就马上做吗？孔子在回答子路时说：“有父亲、哥哥在，应听听他们的，怎能听到了就做呢？”在回答冉有时又说：“听到了就干起来。”这两个截然不同的回答，使在座的公西华大惑不解。孔子解释说：“冉有胆量小，平时做事退缩，所以我说一听到了就干起来，是鼓励他，给他壮胆；子路胆量大得超过一般人，勇于作为，所以我说，有父亲、哥哥在，要压一压，使他有所退让。”这件事一向被用作孔子因材施教的例证，其实也是说话看对象、针对实际情况而选择不同说话内容的范例。

2. 具有明确的对象意识和语境意识

如果不顾场合，不看对象，夸夸其谈，滔滔不绝，这种“能说会道”的行为只会引起反感甚至厌恶，不能称为有口才。荀子在《劝学》中曾明确指出：“未可与言而言谓之傲（急躁），可与言而不言谓之隐，不观气色而言谓之瞽（盲人）。”这说明讲话应随境而发，相机行事。

3. 具有较高的领悟能力和反馈能力

既能准确地接受和理解，又能做出恰当、必要的回应。这是与人交谈很关键的一条。在口语交际时，说话者不仅要表达，而且还要接受，即领悟对方话语或表情动作等体态语所蕴含的意思，同时还要做出有针对性的反馈。1969 年 9 月，基辛格就越战问题与苏联驻美大使多勃雷宁举行会谈。正当发言时，尼克松总统打来电话，谈了几分钟之后，基辛格对多勃雷宁说：“总统刚才在电话里对我说，关于越南问题，‘列车刚刚开出车站’，现在正在轨道上行驶。”老练的多勃雷宁试图缓和一下气氛，接过话头说：“我希望是架飞机而不是火车，因为飞机中途还能改变航向。”基辛格立即回答说：“总统是非常注意措辞的，我相信他说一不二，他说的是火车。”在这段对话中基辛格从坚持自己立场的原则出发，不仅明确地理解多勃雷宁变“火车”为“飞机”的用意，而且采取“借言”的方式维护了自己的观点，显示出机智的外交家风采。

4. 说话内容的深浅要与对方的接受能力相宜

《论语·雍也》说：“中人以上，可以语上也；中人以下，不可以语上也。”对中等水平的人可以讲说高深的道理，对中等以下水平的人就不可以讲说高深的道理，说话的内容超过或低于对方的接受能力都不会收到好效果。

措辞，是指人们在说话交流过程中，经过深思熟虑，综合考虑对方的思想、情感、心理特征、个性特点、学历背景、生活习惯等因素，精心选用恰当的词语、句子，有效表达自己的意思，并让受众易于理解、接受、相信的一个互动过程。

我们平时说话表达，要注意措辞，这直接关系到你的说话能否达成效果。

比如，想让别人帮忙时，有人会这样说：

“喂，帮一下忙。”

可结果呢？就得看对方当时的心情了。

得到的回答很可能是“我现在没空”，或是“我正在忙呢”。

在这种时候，不妨试试下面的说法：

“劳驾，请帮一下忙好吗？”

这样一说，一般人都会乐意为你效劳的。

人的行为意愿，会受到措辞的影响。同样的意思，措辞不同，表达效果就会不一样，听众的回应结果也截然不同，或赞同，或拒绝。上述例子中，第二种措辞就更容易打动人心，让人接受。

说话表达，深究起来，是一件比做文章、读文章更难的事。做文章，可以细细推敲，再三订正；读文章，可以细细体味，详加研究。说话表达就不能这样了，因为一言既出，驷马难追！所以你与人对话，应该特别留神，审慎措辞，用心说好每句话。

你要说的话，最好事前先打腹稿，记住纲要，免得临时遗漏。

说话开头，先要定一定神，态度从容，双目注视对方的脸，表示出诚挚的神情，并随时注意他是赞成你的意见，还是不以为意。也要准备随时调整你的说法，如果发觉他露出不愿意多听的神情，你就该设法收束话题；如果他有疑问，你就该多加解释；如果他乐于接受你的见解，你就该单刀直入，再不要绕圈子；如果发觉他要插口的样子，你就该请他发表意见，他的答话你要特别留神。

你对人回答，也要准确有力。认为对的，就回答他一声："很好。"认为不对的，回答他："这个问题很难说。"自认为可以办到的就回答他："我去试试，但成功与否不敢肯定。"自认为办不到的就回答他："这件事太困难了，恐怕没多大的希望。"总之，不要说得太肯定。太肯定的回答，最易造成不欢的后果。一切回答，必须留有回旋的余地，万一临时不能决定，你可以回答："待我考虑后再答复你吧！"或者说："待我与某方面商量后，由某方面答复吧！"前者是接受与不接受各占一半，后者多数是婉言拒绝。如果对方唠叨不止，你不愿意再听下去，也有几个方法可以应付，你可以转移谈话目标，乘机谈谈别的事情，也可以说"好的，今天谈到此处为止"，然后立起身来，说声："对不起，再见！再见！"他自然会中止谈话，离开你那里。

说话有力量，表达有力度

一个人说话缺少力度，意思表达就会含糊不清、言不达意，听者也不知其说的什么意思。只有说话有力量，表达有力度，字字句句都精准地表情达意，才能产生应有的沟通效果。

那么，怎样说话才算有力度呢?

1. 说话要经得住推敲

一个人说话是否有力，要看是否有客观依据，即经得起推敲，只有经得起推敲的话才有充分的说服力。

在林肯当律师的时候，一位叫小阿姆斯特朗的人因涉嫌杀人案而被捕入狱。小阿姆斯特朗不服，提出上诉，林肯找到被告证人福尔逊。福尔逊发誓说在 10 月 18 日的晚上，清楚地目击了小阿姆斯特朗用枪击毙了受害者的全过程。对此，林肯要求复审。林肯先问证人福尔逊："你发誓说看清了小阿姆斯特朗？"福尔逊答："我发誓看清了。"

林肯问："你在草堆后，小阿姆斯特朗在大树下，两处相距二三十米，你能看清吗？"

福尔逊答："看得很清楚，因为月光很亮。"

林肯问："你肯定不是从衣着方面看清是他的吗？"

福尔逊答："不是的，我能肯定我看清了他的脸，因为月光照亮了他的脸。"

林肯问："你能肯定时间是在晚上 11 时吗？"

福尔逊回答："我能肯定，因为我回家时看了钟，那时是 11 时 15 分。"

林肯问到这里，便转过身来，语惊四座：我不能不告诉大家，证人福尔逊所说的全是谎言。他一口咬定 10 月 18 日晚上 11 时在月光下看清了被告的脸。我们都知道，10 月 18 日那天是上弦月，晚上 11 时月亮都已经下山了，哪里还会有什么月光？退一步说，也许他的时间记得不十分清楚，时间稍有提前，但那时，月光是从西往东照，草堆在东，大树在西，如果被告的脸对着草堆，脸上是不可能有月光的。

大家先是一阵沉默，紧接着是掌声、欢呼声一起迸发出来。福尔逊则傻了眼。

林肯借助客观事实推理，充分揭穿了福尔逊的谎言，使一桩冤案得到昭雪。

2. 态度要诚恳

古语讲"至诚足以感人"，要想说出有力的话诚恳是关键，一个人无论说什么都可以，但若是口是心非，所说的话肯定不会有力量。

3. 道歉得当

我国古来有句俗语叫作"谦，美德也，过谦则诈"。我们对别人说话，谦虚是应该有的，因为你的谦虚会让别人容易接近。可是，你过分谦虚了，你的谦虚便失去了价值，而且别人也无法相信你。一位演说家，登台之后便对听众说道：“诸位，真是很对不起，今天我所讲的题目，并不是我所熟悉的，我对这个题目也没有多少研究，准备不充分，所以今天所讲的可能没有多大价值，讲得不好，请一定见谅。”

一位演讲者对台下听众这样讲，在他自己看来是谦虚，可是别人能否相信他呢？所以，我们要想说话有力，首先谦虚应该得当。

腹有诗书气自华

语言是以生活为内容的，没有生活，话就无从谈起，而生活内容越丰富，谈话内容自然也就越精彩。因此，我们要想说出有水平高质量的话，一是要用心观察和体会生活的点滴，二是要积累各种知识，做一个生活上的有心人。

古人说“腹有诗书气自华”。广博、严谨的知识结构是表达者妙语连珠、左右逢源的坚实底蕴。当一个人在某些方面的经验和知识多于周围其他人时，他就对该方面的话题取得了发言权，并且有充分的自信心。因此，只有具备多方面的知识，我们才能赢得更多的发言权，才能自如地在各种场合准确地表达自己的观点。要求一个人什么都懂并不现实，但至少要对自己的专业知识和职业知识有足够的了解，尤其要多掌握一些文化、历史、哲学方面的知识。这样你才能出口成章、言之有物。

知识丰富会扩大一个人的想象力，而想象力会为思维和语言插上翅膀。要在语言表达中“飞”起来，就必须在生活中通过学习和实践长出这样的翅膀。如果你想拥有出众的口才，就要像酿蜜的蜜蜂那样，终日在生活的百花园里采撷；要像淘金的老汉那样，在沙砾中筛出真金。我国历代的丰富语言宝库，五湖四海的优秀语言财富，鲜明生动的民间语言，精心雕琢的书面语汇，都是我们应挖掘出的“富矿”。

首先，可直接从生活中向人民群众学习语言。生活是语言最丰富的源泉，要使自己的语言丰富起来，就要从生活中汲取。老舍说：“在生活中找语言，语言就有了根。学习语言要博采口语。”俄国伟大的批判现实主义作家列夫·托尔斯泰称赞农民是语言的“大家”。语言的“天才”，的确存在于人民群众之中。比如：我们讲话常用程度副词“很”，而“很黑”在人民群众的口语中，却用更精确、更形象、更简练的“漆黑”来表达。学习语言还要多看，即勤于观察、体验，真正熟悉你的对象，掌握它的声调、声色等，而不是生搬硬套。

其次，要多读中外名著。“熟读唐诗三百首，不会作诗也会吟”的经验之谈，是大家所熟悉的。它告诉人们要提高口才技巧，就应多读名著。“群书万卷常暗诵”，心领神会自会产生强烈的兴趣；体味语言的精微之处，就能唤起灵敏的感觉；熟悉名篇佳作的精彩妙笔，可以获得丰富的词汇，演说和讲话时优美的语言就会不请自来。

最后，知识贫乏是造成语言贫乏特别是词汇贫乏的一个重要原因。生活积累和语言知识，是决定一个人说话水平高低的关键。有本书上说，生活是语言的王国，你要努力使自己成为这个王国里的王者。

积之愈深，言之愈佳

人类知识包罗万象、纷繁复杂，也是讲话表达时侃侃而谈的力量之源。知识在于厚积而薄发，有深厚知识积累的人，讲起话来也底气十足、成竹在胸。有的人说话之所以很有水平、有气势，究其根本原因，就在于丰厚的知识积累。胸有成竹，欲发则出；积之愈深，言之愈佳。

交谈看起来好像是临场发挥，其实也是平时积累的结果。要想在社交时有话可讲，自由表达，必须注重平时一点一滴的积累。“台上一分钟，台下十年功”，说的就是这个道理。

对讲话者来说，知识是多方面的。对不同的人，有不同的知识要求；不同的人，对知识的把握程度也不尽相同。但作为讲话者，应当掌握的最基本的知识有以下几个方面。

1. 世事知识

世事知识指的是社会生活中方方面面的常识、经验教训、风土人情、习俗、掌故等。这种知识是一种客观存在，一般无须潜心去学，只要不脱离社会生活，在实践中都会逐步体会、感悟得到。人们要想丰富自己的语言修养，实现当众讲话的沟通目的，必须具备这类知识。曹雪芹就认为：“世事洞明皆学问，人情练达即文章。”1974 年，美国康宁公司将一件制作精巧的蜗牛工艺品赠送给中国政府。当时中国正在搞“批林批孔”，江青臆断这是对中国的侮辱，旨在讥讽中国像蜗牛一样龟缩、爬行。周恩来指示外交部急电中国驻美联络处调查。时任联络处对内参赞，从小在美国长大的冀朝铸说：“不用调查，蜗牛象征有耐心，这是表示祝福的意思。”联络处将冀朝铸这一权威性的世事知识报回国内，江青这才悻悻地收敛起发难的嘴脸。这事既说明冀朝铸熟谙世事，也成为江青不懂世事的笑柄。

2. 文化知识

文化是指大文化，是人类在社会历史发展过程中所制造的物质财富和精神财富的总和，诸如天文、地理、历史、文学、艺术、哲学、经济、法律等。

这些知识往往以成语典故、佳作、名言警句为载体，最能陶冶情操、提高修养、开阔视野，从而使表达者的言辞更具感染力、说服力、吸引力。这种知识不能从实践中获得，需要孜孜不倦地学习。在人生路上，只有不断积累学习，当众讲话时才能充满活力，如滔滔江水连绵不断。

长期担任毛泽东和周恩来英语翻译的冀朝铸，从小到美国，缺少对中国文化的深刻了解。周恩来对他说：“你是当翻译的，中国历史一定要熟悉。要多读历史书籍，才能当好翻译……你常做毛主席的翻译，毛主席最喜欢引用历史典故、古代诗词，如果你不懂历史，不读诗词，就没法做好自己的工作。”

为此，周恩来给冀朝铸开了一张长长的书单要他去读。经过几年锲而不舍的学习，冀朝铸终以博闻强识在外交部闻名，以至有“老夫子”的雅称。人们每有不解的知识，常说：“去问问冀老夫子。”

奇妙比喻，新奇表达

有的时候，专业术语在特定场合确实能起到帮助沟通的作用，但前提是听说双方都对这些术语心领神会。在圈外人面前使用术语，只能说明自己的语言表达能力不足。

当你向对方发表意见时，当然不是为了显露你的口才，目的还是让他听懂并乐于接受，所以你一定要使用他能听懂的语言。有时候，你为了省事，说出一个只有自己明白的词汇，为了让对方听懂，你又不得不花一两分钟对这个词汇进行解释，这样不仅没有达到语言凝练的效果，反而费了口舌。

要使语言简练，又能达到形象生动的效果，不妨用打比方的方式说话。生活中的各种道理，一般人都知道，虽然理解上有偏差，但并不陌生。在表达观点或说明道理时，板着面孔，长篇大论地说教，只会令人生厌。如果借助恰当的比喻，使深奥的道理变得简单明了，这样就能触动对方记忆中现有的信息，从而心领神会。

有人问爱因斯坦："什么是相对论？"他说："一个男子和一位漂亮姑娘坐上一个小时，好像一分钟一样。然而让他在热炉子上坐一分钟——就比任何一小时都长。这就是相对论。"

试想，"相对论"是何等高深的学问，要对一个外行讲清楚可不容易。但爱因斯坦通过一个比喻，在 1 分钟之内就解答了对方的疑惑。

比喻贵在抓住事物的特征。《世说新语》中记载：谢安在一个寒冷的下雪的日子里，把家里的子侄们聚集在一起，同他们谈论做文章的学问。不一会儿，雪下大了。谢安兴致勃勃地说：“白雪纷纷何所似（这纷纷扬扬的雪花像什么呢）？”侄儿谢朗回答道：“撒盐空中差可拟（在空中撒盐大约可以比拟吧）。”侄女谢道韫却答道：“未若柳絮因风起（不如用柳絮随风飘舞来比喻）。”谢安听了大笑，感到十分愉快。

在这则故事中，谢朗把纷飞的白雪比作空中撒盐，谢道韫则比作风卷柳絮。两个比喻都符合“像”的要求，但后者显然优于前者。前者仅仅抓住了雪与盐颜色上的相似，后者则不仅顾及了颜色，而且还抓住了柳絮与雪花轻柔飘飞的形态上的相似之处，这就比以盐喻雪高明得多。

运用这种似乎与本体事物风马牛不相及的类比物形成的奇妙比喻，不仅能够使语言显得简练明朗，而且能使听众有新奇的感觉，从而大大提高了语言的表达力。

小技巧让表达“飞”起来

要想提高自己的语言表达力度，除了练好语言的基本功外，还需要掌握一些基本的口头表达技巧，这有助于你在谈话中更为自如地表达自己的思想，让你的表达“飞”起来。

以下是口头表达的基本技巧。

1. 轻松自然

约翰·莫菲说：“我们不要硬是从头脑中榨出一些名言警句。当我们放松下来的时候，很多妙语就会自然而然地产生出来……”甚至在最具刺激性的谈话中，也有50％的内容是没什么意义的。只有经过一段加热过程，思想的车轮才能转动起来。

2. 循循善诱

成为一位出色的交谈家并不在于你有多聪明，或者有多少传奇性的经历，而在于启发、诱导别人讲话。值得一提的是，“你”在谈话中是一个前进的信号，而“我”则是一个停止的信号。要设法把谈话引向对方的兴趣点，多用“为什么”“哪里”“怎么样”等。当他说“我在宁夏老家开了个店”时，你千万不要匆忙抢着说：“啊，我在西安也有两家店铺。”而应该问：“在宁夏的什么地方？”

3. 长于忍耐

在与人交谈中，千万不要期望对方一开始就热情高涨，善言者总是等到对方变得热心以后，才试图从他们那里引导出一些有趣的想法，因此，在谈话中一定要长于忍耐。例如，他们会先问“请问您尊姓大名？您是哪里人？您的丈夫干什么？您准备在这儿待多久？您是乘飞机来我市的吧？”等问题，以激起对方的谈话兴趣。谁关心这些？你也许会这样问。

诚然，这些问题似乎没有任何风采和智慧可言，但它们的确能使交谈启动起来。

4. 多说赞同的话

如果他说：“我是在农村长大的。”你最好回答：“我也是。”或多少讲一点你有关农业方面的知识和经验，这会让他感到很亲切。如果他说：“我喜欢吃冰激凌。”恰好你也有同样的爱好，一定要想办法告诉他。

如果他说他出生在东北的一个小镇上，碰巧你过去也喜欢在那里度暑假，那你也一定要告诉他……

5. 适当谈谈自己

当有人要求你讲自己的时候，不要守口如瓶地拒绝。稍微告诉对方一点你的情况，他会感到十分荣幸，因为你是用非常友好的姿态与他交谈的。

6. 尊重对方

交谈双方应相互尊重，即使已经相熟，也不可胡乱开玩笑，逗弄和取笑会触痛别人的自尊，而威胁他人自尊的任何事情都是危险的，即使在玩笑中也是如此。民意测验结果表明，人们不喜欢被取笑，即使是他们的亲朋密友。只有在非常亲密的朋友之间，才可以开一些充满善意的玩笑，因为他们是不会追究那些无关紧要的小事的。如果别人非常了解你，非常喜欢你，你也可以与他开个玩笑，但千万别开得过了头。

丰富见识，增强表达能力

要想使自己的话能够打动人、说服人，就要努力提高自己的语言表达能力。你必须使人觉察你是一个有思想观点的人，绝非是个糊涂虫。单单无聊空谈，是绝不能使对方对你有一点良好印象的，更不能显出你说话的水平。

世界著名的谈话艺术专家切司脱·费尔特先生，曾经教人谈话时注意下列一些问题，以让自己的语言表达有力度。他说道：

“你应该时常说话，但不必说得太长。少叙述故事，除了真正贴切而简短之外，总以绝对不讲为妙。”

“和人谈话，同时也要注意到态度。切不要拉住别人的衣袖，手脚乱画地讲话，应当和顺一些，切忌妄自尊大。谈话最好要一般化，勿做自我的宣传，把自己捧上天去。外表应该坦白而率直，内心应该谨慎而仔细。”

“谈话的时候，姿态可以表现你的诚意，所以要正面向着人家，不要随随便便，不要刻意模仿他人。”

“和人家开口赌咒，闭口发毒誓，是既坏又蠢而且粗鄙拙劣的事。高声的哄笑，是文化素养不高的表现。真实的机智和健全的理性，绝不会引人哄笑的。此外，没有比咬人耳朵、像蚊虫叫似的谈话态度，更叫人难受的了！”

这位谈话艺术专家以上列的各条警诫人的谈话艺术，除开“禁止大家哄笑”这一条外，都是有助于提高说话表达力度的。因为粗声喧闹固然有失常态，但是出自情感引起的大笑，是不会妨害到任何人的。

如果具有丰富的一般知识，你可以拿出来随时应付。一个人既然是社会人，每天在生活当中须与他人频繁接触，所以对于世界上形形色色的人和事，自己应当努力去获得各方面的知识。

怎样可以得到这些知识，以便在你谈话时有所帮助呢？一个好方法，便是每天阅读报纸。还有一个方法，是随时留意你周围所发生的事，虽然只是极琐碎的事也不要轻易放过它。另外还有个方法便是时常和人谈话。你和别人闲着无事时聊聊天，次数愈多愈好，不仅脑子里可以贮藏许多知识，可当成下次谈话的资料，而且也可以使你对谈话有兴趣，甚至谈话的技巧也会更加熟练起来。

读书破万卷，表达如有神

“知识就是力量。”说话表达要有力度、有气势，就要有丰富的学识、阅历，对表述材料要充分熟知。“问渠那得清如许，为有源头活水来”，像毛泽东、周恩来等许多伟人和名人那样谈吐睿智、幽默，都是以学识渊博和阅历丰富为基础的。

追本穷源，一个口才好、善于表达的人，必须经常在知识积累上下功夫。要不断地扩充自己的兴趣，积累讲话的素材，丰富自己的知识，开阔自己的视野。知识丰富、熟知材料是自信自如表达的基础条件，正所谓“充实是自信的前提”，而“自信就是力量的源泉”。

著名剧作家曹禺曾说过，哪一天我们对语言着了魔，那才算是进了大门，以后才有可能登堂入室，成为语言方面的富翁。那么，我们应该怎样来具体学习、锤炼语言，提高自己的表达能力呢？下面介绍几种可行、有效的方法。

1. 多读书，多看报

日常生活中，我们每天都离不开报纸、杂志和书籍。在读书看报时，备一支笔、一些卡片纸和一把剪刀，把所见到的好文章或让自己心动的话语记下来，或剪下来，或摘抄在卡片纸上。每天坚持做，哪怕一天只记一两句，也是很有意义的。日积月累，在谈话表达的时候，你也许就会不经意地用上它们，从而使自己讲话的内容丰富起来。

2. 善于学习

对于谈话的题材和资料，一方面要认真地吸收，另一方面要好好地运用。懂得如何运用，可以使一句普通的话发挥出惊人的效果。学习吸收是为了很好地应用，不能应用的吸收毫无意义。

俗话说："熟读唐诗三百首，不会作诗也会吟。""群书万卷常暗诵"，吟咏其中，则可心领神会，产生强烈的兴味。摸熟语言的精微之处，则会唤起灵敏的感觉；熟悉名篇佳作的精彩妙笔，则会获得丰富的词汇，自己演说和讲话时，优美的语言亦会不请自来，这并非天方夜谭。只要我们潜心苦读，勤记善想，揣摩寻味，持之以恒，就能尝到醇香厚味。如果反复地用、不断地学，久而久之就可以像郭沫若所说的那样"于无法之中求得法，有法之后求其他"了。

3. 注意搜集并积累警句、谚语

在听别人的演讲或谈话时，随时都可以听到表现人类智慧的警句、谚语。把这些话在心中重复一遍，记在本子上，久而久之，你谈话的题材、资料就越来越多，说话表达也就越来越条理清楚，出口成章。

4. 提高观察问题、思考问题的能力

要提高自己的表达能力，就要不断提高自己观察问题、思考问题时的敏锐性，丰富自己的学识与经验，并增强自己的想象力与敏感性。随着表达能力的提高，你的生活也将丰富多彩，整个人的个性素质和各方面的能力都会提高，从而成为一个善于说话、长于表达的高手。

总之，广博的知识、丰富的阅历可使人在掌握大量材料的基础上当众讲话，听众能从中获取有益的信息，表述者也可从容不迫，挥洒自如，充分占有材料。

只要稍加留意，就会发现许多人在说话中有一些毛病。虽然这些毛病不具有决定性意义，但如果不加以注意，就会大大影响我们的谈话和表达效果。

一般人在交谈表达中常常容易出现以下几个方面的问题，是需要注意和克服的。

1. 多余的口头禅

有些人喜欢在交谈中使用太多或不必要的口头禅。例如，一些人喜欢在什么地方都加上一句“自然啦”或“当然”一类词句；另一部分人喜欢加太多的“坦白地说”“老实说”一类的套语；也有人喜欢老问别人“你明白吗？”或“你听清楚了吗？”还有人喜欢说“你说是不是？”或“你觉得怎么样？”如此等等。

像这一类的小毛病，可能你自己平时一点也不觉得，最好的

办法是问一问你的朋友们，请他们替你注意一下，并时刻提醒你。

2. 滥用流行的字句

某些流行的字句，往往会被不加选择地乱用一番。例如，“纳米”这个词就被滥用了，什么东西前面都牵强地加上“纳米”，“纳米牙刷”“纳米字典”……使人莫名其妙。

3. 乱用一些词

有些人不知是因为偷懒，不肯开动脑筋找更恰当的字眼，还是有其他方面的原因，特别喜欢用一个字或词来表达各种各样的意思，不管这个字或词本身是否有那么多的含义。例如，许多人喜欢用“伟大”这个词。在他的言谈中，什么东西都“伟大”起来了。“你真是太伟大了”“这盆花太伟大了”“今天吃了一餐伟大的午饭”“这批货物卖了一个伟大的价钱”等，给别人一种华而不实的印象。因此，我们要尽可能地多记一些词汇，使自己的表述尽可能准确而又多样化。

4. 喜欢用夸张的手法

夸张的手法有一种引人注意的效果。不过，我们不能把夸张的手法用得太过分。否则，别人就不会相信你说的话。

在现实生活中，你不可能每次说的都是非常重要的消息；也不可能每次都讲最动人的故事或最可笑的笑话；你所看的书，不可能每一本都是最精彩的；你所认识的朋友，不可能个个都是最可爱的。不要到处都用“最”“极”“非常”“无限”等词，如果在你这无数的“最”中，有一个真正的“最”，你怎样表示呢？难道你要这样说：这件事对我来说是最最重要的。如果你真这样说，别人听了也会无动于衷，因为他们会认为你是一向喜欢夸大的人。

Chapter 5
第五章

幽默风趣，让人喜欢你

幽默谈吐，增强人际吸引力

唐代汪伦住在安徽泾县桃花潭畔。他与李白素不相识，却十分仰慕这位大诗人，很想一睹“诗仙”的风采，和他交个朋友。恰好李白游历名山大川来到皖南，汪伦觉得这是结交李白的好机会。

可是怎样才能把李白邀来呢？他想到李白喜欢桃花和酒，便灵机一动，给李白写了一封邀请信。信上说：“先生好游乎？此地有十里桃花。先生好饮乎？此地有万家酒店。”

李白接到此信，欣然而至。见面寒暄已毕，李白说：“我是特地来观看十里桃花，品尝万家美酒的。”

汪伦回答：“此地确有十里桃花，就是十里之外的桃花潭；也有万家酒店，就是桃花潭西一个姓万人家开的酒店。”

李白听罢，方知自己“上当”了，不禁大笑起来。他知道汪伦出于一片真情，毫不怪罪对方的玩笑之语。两人一起游玩数日，十分投合。

分别时，两人已成了相交甚厚的朋友，李白感激汪伦待己的盛情，写下了《赠汪伦》这首歌颂友情的千古绝唱：“李白乘舟将欲行，忽闻岸上踏歌声。桃花潭水深千尺，不及汪伦送我情。”

为什么李白会与汪伦做朋友？因为汪伦是一个有趣的人。有趣的人总是受人欢迎，因为他们能够营造融洽的交流氛围，让人感受到轻松与快乐。

有位于先生，人称“于大本事”。其实他的身份并不显赫，社会地位也不高，平时就是倒腾服装，做点小生意，但他的影响力绝对一流。他的圈子很广，三教九流都能玩得转，有什么事只要找到他，基本上都能搞定。他为什么这么有本事呢？因为他是一个有趣的人。

有一次，“于大本事”和一个身份相当高的朋友出去吃饭，那朋友喝高了，酒后吐真言，感慨地说：“我活着最大的乐趣就是和哥哥你喝酒、聊天，听你讲笑话。我看见你就特放松。真的，你别看我平时风光，那都是假的，活得很累，只有和你在一起喝酒的时候，我才觉得自在快活。”

这事说明幽默的力量。“于大本事”不过是个小商贩，可他能说会道，见多识广，是个非常有意思的人。天生的幽默感，使他的一言一行都能让人开怀大笑。无论任何场合，只要有他在，绝对不冷场，绝对是好戏连台。

他的一首歌、一个眼神或一句话都能让你捧腹大笑。他的搞笑的段子张口就来，不用思考，说得恰到好处。所以，大家都喜欢他，但凡和他吃过一次饭的人，下一次都会记得叫上他，没有他在，大家都感觉心里空落落的。这就是“于大本事”的真本事。

每个人都喜欢有趣的人，尤其是在这个生活节奏很快、压力巨大的年代，人人都喜欢“开心果”。你是个有趣的人，那你在世界的任何一个角落都受欢迎。

有一次，“于大本事”出差，在机场大厅等候班机时，他与邻座的男士攀谈了起来。那位男十带着一个小男孩，由于孩子调皮好动，他渐渐有些不知所措。

这时，大厅中提示登机的广播响起。“于大本事”站起身来，同情地拍了拍男士的肩膀，说：“保重，老兄。”

那位男士很奇怪，不明白这位萍水相逢的人为何如此郑重其事地与自己道别。而“于大本事”接下来的一句话把他给逗乐了：“地球上，没有比 7 岁的小男孩更可怕的生物了，他们有好奇心、行动力、破坏力，以及《未成年人保护法》。”

那位男士听完，哈哈大笑，和“于大本事”交换了名片。回到家后，他每每为儿子的调皮伤脑筋，想起“于大本事”的趣话，就偷着乐，于是便会主动拨通“于大本事”的电话，与之攀谈。就这样，这位男士成了“于大本事”的商业合作伙伴。

像“于大本事”这样有趣的人，根本不用费心思主动搭讪，就能够把陌生人吸引到他的身边，这种变被动为主动的本事，就是依靠幽默获得的。

幽默风趣的谈吐，不仅给他人留下了美好的回忆，也为自己下一次同对方交流创造了机会。假如你有这样的幽默感，你也会成为一个广受欢迎的人。

若你想成为风趣幽默的人，可以进行一些训练：第一，广读博学，长期积累，训练自己的语言表达能力；第二，多搜集，多思考，把一些幽默的段子烂熟于心；第三，多效仿，多锻炼，平时留意一下那些幽默有趣的人是怎样说话做事的，模仿他们的言行，如果你身边没有这样的人，你也可以模仿电视上的小品或相声演员；第四，乐观豁达，心胸开阔，体谅他人，而且善解人意；第五，保持自信，自卑是社交的大忌，你要相信自己是个受欢迎的人、有魅力的人、有资本的人。

幽默提醒，巧找借口化尴尬

有一个小伙子到未婚妻家吃饭，接受准岳父母的考验。未婚妻特别叮嘱道："我们家里有个规矩，客人不能给自己添饭，否则的话，会被认为不礼貌，你可千万得记住啊！"

小伙子答道："饭来伸手，我又何乐而不为呢？"

没想到的是，在吃饭的时候，未婚妻和准岳母随便吃了一点就干别的事情去了。而准岳父几杯酒下肚，话匣子打开，开始眉飞色舞地神侃，根本就没有注意到准女婿的饭碗早已空空如也。

小伙子见满桌的美馔佳肴，举箸沉思，灵机一动，便计上心来。他开口道："伯父，你们打不打算修房子呀？"

准岳父说："修倒想修，就是眼下木料紧张。"

小伙子接着说："我有个朋友有批木料，还是柏木，最小的就有这么大。"说着，他把碗一举。

准岳父发现他的碗里早就空了，赶紧叫道："老婆子快添饭！"

小伙子顺利渡过了这一难关，又吃上了饭，便不再提木料的事，可是准岳父却还挂念着这事。他继续问："你刚才说的那批木料，他卖了吗？"

小伙子夹了一口菜，便道："他先前没有饭吃，打算卖，现在实行了责任制，有饭吃了，他就不卖了。"

要知道，许多人遇到这种情形，因为怕失礼，往往强忍饥饿，装成吃饱的样子放碗离席。如此倒是全了礼数，却委屈了自己的肚子。

这个小伙子却非常聪明，巧妙地找到一个话题，让准岳父感兴趣，并借机展示自己的空碗，从而达到了目的。

而且，最后他还隐约地点出自己谈这个话题的动机，让未来的岳父明白他的意思，如此幽默提醒，让准岳父对他刮目相看，连说“这小伙子机灵，十分要得。”

如果小伙子直接说“我的饭没了”，或者说“还有饭吗”，那么作为主人，往往就会觉得很丢脸——竟然没有注意到客人的饭碗空了，实在是照顾不周啊！有的主人还会觉得：“这孩子倒也老实，只是看上去一副傻模样，脑瓜好像不太好使。”

那么，小伙子忍着不说呢？那就只有饿着肚子了。而且，小伙子回到家里还不能埋怨，否则准岳父会想：“饿着肚子，还不知道言语？这个小伙子可真傻，胆子好像也不大，我女儿嫁给他，能行吗？”

很显然，故事里的小伙子不傻，他采用了一种幽默的提醒方式，机灵地提出了自己的要求，让准岳父对他高看一眼。

小伙子与准岳父的谈话，相互之间还存在一些顾忌，所以幽默提醒非常婉转。而朋友之间不需要虚假的客套，互相打趣甚至嘲讽一下反而能增进友情。

比如，到朋友家吃饭时间到了，你不必假模假样地说“吃过了”，尽管痛快地饱餐一顿。即使朋友没有为你准备饭，也可以开玩笑，提醒朋友别忘记招待你。

一天，老李到朋友家拜访。这位朋友是个爱好音乐的人，他拿出各种乐器，一件一件地演奏给老张欣赏。这样一直过了中午，老李肚子早饿了，可是朋友还在没完没了地拨弄乐器。

朋友兴致勃勃地问老李："老兄，你说世界上什么声音最好听？是二胡，还是笛子，抑或是小提琴呢？"

老李回答说："朋友，这会儿，世界上什么声音都没有饭勺刮锅的声音好听呀！"

旁敲侧击、巧找借口，能为你在尴尬中找到一个很好的解决方法，但得注意在语言表达上一定要温婉谦和，否则效果可能会适得其反。只有正确而巧妙地运用了幽默这种说话方式，别人才爱听。

特别是初次交谈时，彼此陌生而导致的拘谨会使一些本该轻松平常的事遭遇尴尬。这时最巧妙的方法便是采用旁敲侧击的幽默语言，让对方明白你的意图和苦衷，通过这种找借口的方式得以脱困。

生活中常常会有许多意想不到的情形出现，令毫无准备的你感到十分难堪。有的人会手足无措，陷于困境当中，只能委屈自己；而聪明的人则会用幽默的眼光来看待它，从独特的视角出发，找出解决问题的办法。

巧找借口、旁敲侧击的幽默提醒就是一种有趣而实用的客套话方法，使用这一方法，可以帮助你避免尴尬、活跃气氛、达到目的。挖掘出一些可资借鉴的东西，并不失时机地用巧妙含蓄、温婉谦和的方式表达出来，不仅避免了尴尬，还能在笑声中增加彼此的了解和信任。如此，岂不是一举多得？

幽默自嘲，提升个人魅力

古代有个石学士，一次在闹市中骑驴不慎摔在地上。一般人遇到这种情况一定会不知所措，可这位石学士不慌不忙地站起来，说："亏我是石学士，要是瓦的，还不摔成碎片？"一句妙语说得在场的人哈哈大笑，自然这位石学士也在笑声中化解了难堪。

后来，有一位胖子不小心摔倒了，场面很尴尬。这个聪明的胖子想起石学士的故事，便灵机一动，拍了拍身上的灰尘，轻松地舒了一口气，说："如果不是这一身肉托着，还不把骨头摔折了？"

还有一个瘦子，摔了一跤，同样用一句幽默的自嘲圆了场，他是这样说的："嘿，还好我的分量比较轻，否则，这把老骨头今天非交待在这里不可！"

上面几个案例，都是通过自嘲达到化解尴尬的目的。这就是自嘲的妙处。

某人要出国进修，他的妻子半开玩笑地说："你到那个花花世界，说不定会看上别的女人呢！"他笑道："你瞧瞧我这副模样，瓦刀脸，罗圈腿，站在路上怕是人家眼角都不撩呢！"一句话把妻子逗乐了。

人人忌讳提自己长相上的缺陷，可这位丈夫却能够接受自己的先天不足，并不在意地自揭其丑、自曝其短。这样的自嘲体现了一个人的智慧和胸怀，比一本正经地向妻子发誓决不拈花惹草，其效果不是更好吗？此时他在妻子眼里，一定变得忠诚可信。

在社交场合中，当你陷入尴尬的境地时，借助自嘲往往能从中体面地脱身。在某俱乐部举行的一次招待会上，服务员倒酒时不慎将啤酒洒到一位宾客那光亮的秃头上。服务员吓得手足无措，全场人目瞪口呆，这位宾客却微笑着说：“老弟，你以为这种治疗方法会有效吗？”

在场的人闻声大笑，尴尬局面即刻被打破了。这位宾客借助自嘲，既展示了自己的大度胸怀，又维护了自我尊严，给人留下良好的印象。

适时适度的自嘲，不失为一种良好的修养，一种充满活力的交际技巧。自嘲，能制造轻松和谐的交谈气氛，能使自己活得洒脱，使人感到你的豁达和人情味，有时还能更有效地维护面子，建立起新的心理平衡。

九州大学是郭沫若的母校，郭沫若于1955年重返日本九州大学时作了一次演讲。他说：“在这里我要向我以前的老师表白，我作为一个医科大学生，事实上不是一个‘好学生’。福冈的景色太美了，千代松原真是非常的美丽，由于天天都面对这样好的景色，我在学生时代就不用功，对于医学没有认真地研究，而跑到了别的路上去。”

他顿了顿，接着幽默地说道：“当时我在教室里听先生讲课时，就一个人偷偷地在课本上作诗了。”这番自我爆料的幽默话语，使得在场的学生们顿时觉得眼前的名人变得平易近人，因此，现场爆发出欢快的笑声。

我们听相声，有的演员谈到自己长得不帅时，会说："我这模样有点对不起观众。"在谈到秃顶时说："聪明的人儿不长毛。"提到夫妻关系时说："我怕老婆？那哪可能，就是见到她发怵。"通过自嘲的方式，反而让人们更喜欢他。

懂自嘲的人有魅力，这话一点也不假。通常他们的人际关系都很和谐，是团体中的明星人物，和朋友的友谊像酒一样浓。这是因为懂得自嘲、幽默的人，可以为单调呆板的生活增添色彩。

自嘲从表面看来自己有点吃亏，却能够轻易地建立亲和的形象。周围的朋友会觉得与你相处轻松、自在，是个开得起玩笑的人，因而乐于接近你。

人际交往中，在人前蒙羞、处境尴尬时，用自嘲来对付窘境，不仅能很容易地找到台阶，而且会产生幽默的效果。所以自我解嘲、自己先笑起来，是很高明的一种脱身手段。

能够自嘲的人是智者中的智者，高手中的高手。自嘲是自卑者不敢使用的方法，因为它要你自己"骂"自己的问题，也就是要拿自身的失误、不足，甚至生理缺陷来开涮。对丑处及羞处不予遮掩、躲避，反而把它放大、夸张、剖析，然后巧妙地引申发挥，自圆其说，博得大家的一笑。没有豁达、乐观的心态和胸怀，是无法做到的。可想而知，自以为是、斤斤计较、尖酸刻薄的人难以望其项背。自嘲不会伤害他人，最为安全。你可用它来活跃谈话气氛，消除紧张；在尴尬中自找台阶，保住面子；在公共场合获得人情味；在特别情形下刺一刺无理取闹的小人。

幽默批驳，让人愉快接受

北宋著名文学家苏轼在做翰林学士时，在宰相王安石门下做事。王安石很器重他。然而苏轼才华不凡，加上性情洒脱不羁，对王安石这位上司说话就不太敬重，结果闹出许多不愉快。

有一次，王安石谈到“坡”字，说：“坡乃土之皮。”苏轼听了，就开玩笑地说：“如果照你这样说的话，那么‘滑’字就是水之骨了。”听着苏轼调笑的口吻，王安石很不高兴。

又有一次，王安石说：“‘鲵’字从鱼从儿，合当是鱼子。四马曰驷，天虫曰蚕，由是观之，古人造字，定非无义。”

苏轼听后，拱手进言道：“如此，‘鸠’字九鸟，想必也是有一定道理的。”王安石不知苏轼是嘲笑之言，忙问：“哦，怎么讲？”

苏轼笑道：“诗云‘鸣鸠在桑，其子七兮’，7 只小鸟再加上它们的爹娘，不正好是 9 只吗？”

王安石这才知道苏轼又在调侃自己，因此对苏轼的印象很不好，觉得他为人轻浮、狂妄自大，不可以担当大任。不久之后，苏轼被贬为湖州刺史。

3 年后任期结束，苏轼回京拜访王安石。书童把苏轼引到书房等候的时候，苏轼见到书桌上放着一方素笺，原来是一首只写了两句的诗，主题是咏菊。苏轼把这两句念了一遍，不由叫道：“这两句诗不通啊！”

诗是这样写的：“西风昨夜过园林，吹落黄花满地金。”为什么苏轼觉得这句诗不通呢？原来他认为，西风应该是在秋天才吹起，而菊花在深秋盛开，开得也是最久，即使焦干枯烂，也不会落瓣。

这样一想，苏东坡就按捺不住了，于是他就依着前两句的韵律添了两句：“秋花不比春花落，说与诗人仔细吟。”

王安石回来一看，知道苏轼来过，心想：“这个年轻人是真有才华。可是到下面历练了这么久，还是这样轻浮傲慢，没有稳重的样子，用他只怕要误事。他还需要历练。”第二天，诏书发下来，苏轼再次被贬为黄州团练副使。

同样是幽默批驳，东方朔的做法却得到了汉武帝的认可。汉武帝好大喜功，问东方朔：“先生看我是什么样的君主啊？”

东方朔明白汉武帝的心思，便回答说：“自唐虞之后，到周朝的成康盛世，没有一位国君可以和您相比。以臣看，皇上的品德在五帝之上，功勋在三皇之前。正因为如此，天下仁人志士和贤达之人都来投奔和辅佐您。比如周公、召公为丞相，孔丘为御史大夫，姜太公为将军……”

东方朔一口气将古代 32 个治世能臣都说成了汉武帝的大臣。汉武帝听到这里大笑不止。

但凡有点智商的人，都能听出东方朔的幽默话语里带有揶揄的味道，但是他偏偏能够说出这些话来使汉武帝开心。

汉武帝笑过之后，难免就要思考一下自己与古代圣王之间的差距，仔细比较之后，他感到自己确实不如古之圣王。

汉武帝晚年很希望自己长生不老。有一天，他和东方朔谈起了这个话题，他说：“相书上说，一个人鼻子下面的人中越长，寿命就越长，人中长1寸，能活100岁，不知道是真是假？”

东方朔一听汉武帝的话，就知道这个皇帝又在做长生不老的白日梦，脸上顿时露出一丝讥讽的笑意。汉武帝见后，很不高兴，喝道：“东方朔，你是要笑话我吗？”

东方朔连忙收敛笑容，恭恭敬敬地说：“陛下，我怎敢笑话您呢？我是在笑彭祖。”

汉武帝问：“哦，你为什么要笑彭祖呢？”

东方朔笑着回答：“据说彭祖活了800岁，如果像皇上说的那样，1寸人中能活100岁，彭祖的人中就该有8寸长了，那么他的脸岂不是太难看了？”

汉武帝听了，也哈哈大笑起来。

东方朔幽默的说话方式，与前面苏轼调侃王安石的说话方式有些类似，但是他们的结局却不一样。同样是面对上级领导，苏轼的调笑之语为王安石所厌恶，而东方朔的调侃话语却得到了汉武帝的认同。为什么会如此呢？

这是因为东方朔的智慧与苏轼不同：苏轼的智慧是文人雅士式的，骨子里透着清高和傲气，他的调笑当中有一种看不起的意味；而东方朔的幽默智慧是俗世浑人式的，骨子里透着亲和力，他的调侃总是给人带来欢乐，而不会让人觉得伤了尊严。

关于这两种幽默之间的区别，你是否能够领悟呢？在我们的生活中，有许多人不能区分这两种幽默，结果许多人的幽默变成书呆子式的，完全不接地气，不能娱悦人心。

最后要说的是，千万不要以为东方朔这种俗世浑人式的幽默智慧是市井俚语，没有什么学问。

事实上东方朔本人学识渊博，要不然他也无法说出那么多古代治世能臣的名号。因此，东方朔真正的智慧在于知道在什么时候、什么场合说什么样的话效果最好。

正因为把握好了这样一个原则，东方朔能用笑彭祖的办法来讽刺汉武帝的荒唐，批驳得机智含蓄、风趣诙谐，而令正在发怒的皇上也不禁哈哈大笑起来，愉快地接受了这种批驳。这种说话的智慧非常高明。

不要调侃别人，尤其是在别人犯错的时候，调侃别人的错误无异于揭人之短。当然，如果你掌握了东方朔式的说话智慧，那又另当别论。简单地说，若是你想调侃别人，让别人接受你，那么你就要让你的幽默言语充满亲和力，而不能一味地讽刺，把他人当傻瓜来戏耍。

幽默有度，开玩笑要把握分寸

古代有个叫魏鹏举的年轻人，才 18 岁就中了举人，风光无限，意气风发，早早就娶了美貌娇妻。

结婚才一个月，魏鹏举就不得不离开妻子进京赶考。临别的时候，妻子依依不舍，对魏鹏举说："相公啊，记得想我。考不考得上都不打紧，要紧的是早点回来，免得我在家惦记。"

魏鹏举潇洒地笑道："'功名'二字，早已经是我的囊中之物。放心，你就看好吧。"于是启程到京应试，果然一举成名，榜眼及第。魏鹏举少年得志，自然高兴，当下便修书一封，派人接取家眷入京。

魏鹏举在书信中先讲了在京的基本情况以及考得功名的事情，最后开玩笑，写下这么一行字："我在京中早晚无人照管，已经纳妾，专候夫人到京，同享荣华。"

魏夫人接到书信，拆开一看，便有些生气，说："相公就是一个负心贼，刚刚考下功名就纳妾了，真是太可气了！"

送信的家人说："怎么可能呢？根本没有的事。我在京城那么久，也没见公子纳妾。夫人，这多半是公子开玩笑的话，等夫人到了京城，你就知道事情的真相了。"

魏夫人听到家人这样说，心里才好受一些，说："这还差不多，不枉我一直惦记他。”这边放下怨怼的心思，那边急切见夫君的心思又起来了。于是，魏夫人急急忙忙收拾东西，准备进京。但由于东西太多，车马不便，一时半会儿也到不了，魏夫人便只好先托人寄一封信给丈夫，以报平安。

魏鹏举在京接到信，只见上面写道：“你在京中纳妾，我在家中也嫁了一个小相公，过不了多久，我就和他一起来京城见你！”

魏鹏举读完这封信，顿时大笑。就在这个时候，一个进士及第的同学来访，看到了那封信，抢了过来，接着朗诵起来。魏鹏举措手不及，脸都红了，说：“那是玩笑话，没有的事。”

那同学笑道：“这样的事情可不能开玩笑啊！”结果不久之后，关于少年榜眼的有趣家书一事便传遍了京城。这个时候，有个嫉妒他的人奏了他一本，说：“榜眼虽然有才，但是年少德行不修，不知检点，不适合担任朝内的重要职位，最好到地方上去担任基层官员，多历练历练。”

于是本来有机会进翰林院的魏鹏举，就这样被“下放”了。一句玩笑话，结果耽误了好前程。

由此可见，幽默虽然很好，但若不能恰当使用，也会带来麻烦。如果应用不恰当，就会使自己尴尬。

开玩笑要注意场合、地点、时间和对象，如果是在不对的地点、不对的场合、不对的时间、对不适合的人开玩笑，这样的玩笑不仅起不到活跃气氛的效果，还会适得其反，造成误会，甚至酿成悲剧。

小王和小张平时爱开玩笑，几天没有见，一见面一个就说：“你还没有死呀？”对方也不计较，回一句：“我等着给你送花圈呢！”两个人哈哈一笑了事。

后来小王因病住进了医院，小张去医院看望，一见面就想逗逗他，说：“你还没有死呀？”这一次，小王变了脸，生气地说：“滚，你滚！”小张被赶了出去。

人家正在病中，心理压力很大，小张在病房里对着忧心忡忡的病人说“死”，显然是没考虑场合，人家怎能不反感、不恼火？

其实，小张说这话也是好意，想使对方开心，只可惜他缺乏场合意识，不该在这种场合开这种玩笑，使自己的话变得不得体，闹得不愉快。

这个事例说明，有些人说话之所以惹恼人，并不是因为他们不会说话，而是因为场合意识淡薄。所以，这些人的当务之急在于增强场合意识。懂得不同场合对说话内容和方式的特定限制和要求，时时不忘看场合说话。

除了要注意场合之外，还要注意开玩笑的对象。尤其要注意的是，尽量不要开上司的玩笑，以免造成不必要的尴尬。

小唐在一家报社做记者，他是个不拘小节的人，而且特别爱和他人开玩笑。有一天，报社的同事来到报社主任老杨的家里做客。老杨刚当上报社主任不久就开始“发福”，原来高瘦的身材逐渐胖了起来。

聊了一会儿，小唐突然对老杨说：“哎呀，杨主任，你现在的饭量是不是特别大呀，怎么胖成这个样子了？你拿镜子照照，你的脸胖得都看不到眼睛了，再这样胖下去可不得了啦！”

在场的所有人听了都大笑起来。其实小唐的本意是想说幽默话，并不是刻意讽刺老杨，但是老杨却并不这么认为。在大家笑过之后，老杨没说一句话，十分难堪地转身走了。

任何事情都要有度，开玩笑也一样，要讲究分寸，否则便会适得其反。因此，有三种玩笑开不得：

第一，过火的玩笑开不得。有个人喜欢开玩笑，一天看到男同学夫妻俩在散步，便装作风尘女子打电话给男同学，弄得男同学的妻子误会，大闹一场，后来通过一番解释，这对夫妻才言归于好。开这样的玩笑，既伤害别人，又给人留下轻率的印象，实在无聊。

第二，伤人自尊的玩笑开不得。有的人不顾别人感受，当着众人的面叫朋友的绰号，诸如“矮子”“傻瓜”等，这种叫法很不好。建立在别人痛苦之上的玩笑会令人反感。

第三，侮辱人格的玩笑开不得。有人看到姓朱的朋友，便称其为“猪八戒”，看到属猴的人称之为“猴头”，不仅伤人自尊，还给人留下素质低的印象，惹得朋友厌烦。

幽默应该注意分寸，要看场合、分对象，该庄重时应庄重，千万不要戏耍别人。总的来说，幽默的基本原则是：少开别人的玩笑，多开自己的玩笑。特别是一些不太擅长幽默谈话的人，最好不要随便开玩笑。而自以为幽默的人，则要不时问一问自己：“开这么一个玩笑，合适吗？会不会冒犯他人？”设身处地地想一想，会让你的幽默更有效果。

Chapter 6

第六章

灵活有效，让人喜欢你

取得了成绩，要肯定他人的努力

曹操打败袁绍后，就决定北征乌桓。但是，当时许多人都反对曹操攻打乌桓，反对的理由有两条：第一条，乌桓是少数民族，不值得去打；第二条，劳师远征，后方空虚，若南方的刘表乘虚而入，该怎么办？而曹操却认为，袁绍对乌桓是有恩的，现在自己战胜了袁绍，但袁绍的儿子却跑到了乌桓，若是他们联手，将对于统一大业极为不利。于是曹操出兵了。

结果，这一场仗取得了胜利，但是胜得非常艰难，曹操付出了惨重的代价。班师回朝后，曹操便让手下查当初那些反对攻打乌桓的人。那些人听到这个消息，个个惶惶不安，都以为要大祸临头了。

谁知，曹操突然宣布给这些曾经反对北征的人以重赏。大臣们都非常惊讶，便问曹操为什么。曹操解释说："你们这些人劝我不要打乌桓是正确的，我此次获得胜利完全出于侥幸，这是我的错误。希望你们继续给我提建议，以免我再次走入险境。"自此，手下的人更加忠诚于曹操。

若你想要获得更多人的支持，那么就要学会肯定别人的贡献。当你获得成功的时候，不要只想着标榜自己，而应注意别人做出的努力和贡献。因为你已经获利，这个时候就要放低自己，肯定他人，给他人一些荣誉，这将让你得到更多的支持。

叶先生是一家广告公司的策划编辑，并担任该公司旗下一个杂志的主编。他平时在单位里上上下下关系都不错，而且很有才气，工作之余经常写点东西。周围的人都对他很佩服。

有一次，叶先生主编的杂志在一次评选中获得大奖，他感到荣耀无比，逢人便提自己的努力与成就，同事们自然不会驳他的面子，纷纷向他表示祝贺。但是过了一个月，他却发现单位同事似乎都在跟他闹矛盾。

开始他还不当一回事，但这样的矛盾频繁出现，让他很烦恼。仔细一琢磨，显然同事们是故意的。但他不知道同事们为什么会这样做。

后来还是一哥儿们点透了其中的奥妙："杂志获奖这么重要的事情，有没有感谢一下领导的提点、同事的支持呢？"叶先生这时才恍然大悟。

就事论事，这份杂志能得奖，主编的贡献很大，但这也离不开其他人的努力，而叶先生忽略了这一点，连一句感谢的话都没有，仿佛获得这个奖与其他人都无关一样，当然会使其他同事心里不舒服。

所以，当我们取得了某些成绩的时候，一定要注意表达感激之情。对他人做出的努力和付出的汗水，不能视而不见。

徐小姐毕业后的第一份工作是在一家企业做销售。由于是新员工，没有特别重要的活儿，徐小姐要做的事就是协助主管整理标书。

徐小姐觉得工作简单，根本没有什么技术含量，因此并没有特别认真下功夫，结果主要的工作都是另外几个同事做完的。然而让人气愤的是，她竟然将功劳归自己所有，她的行为让同事们大为反感。

不久，销售部进行考核，要求员工分组合作完成项目。由于徐小姐“吃独食”的行为在前，几乎没有人愿意和她同一组。

最后徐小姐只好独自做整理标书的工作，但是因为前期没有认真工作，缺乏经验，再加上没有人帮衬，她的工作出了问题。主管对她很失望，不久之后她就离开了这家企业。

徐小姐遭遇事业滑铁卢，不仅因为她的工作态度有问题，还因为她“吃独食”的行为。如果徐小姐没有“吃独食”的行为，也就不会被孤立，遇到棘手的问题至少也能得到别人的帮助。

与之相比，马小姐的做法就完全不同。

马小姐刚毕业就被一家大企业录用，而且还被分配到该企业最重要的部门——设计部。不久，公司准备竞投一个大项目，设计工作就由马小姐所在的部门负责。部门经理召开会议，向大家征集设计方案。

马小姐为了做出成绩，每天都加班到很晚。其他人都下班了，她还在工作。终于功夫不负有心人，马小姐的设计方案脱颖而出，成为公司竞标的首选方案。

经过激烈的竞标，马小姐的设计不负所望，最终为公司拿下了这个项目。公司负责人很高兴，要求设计部给马小姐嘉奖。

设计部经理把马小姐叫到办公室，把奖金放到她面前，说：“这次你确实为公司立了大功，这些是公司奖励你的。”

马小姐觉得，自己如果真有能力完成一件很出色的设计，就不必在乎这一次的荣誉，因为以后这样的机会还有很多，所以让出自己的成绩，对自己以后的发展是有百利而无一害的。

因此，马小姐微笑着说道：“如果没有经理力挺我的设计，我也不会这么容易就得到这些荣誉。还有，在我做这个设计的时候，很多同事都给了我莫大的帮助，我还没有感谢他们。所以要说功劳，都是大家的功劳，我怎么能一个人拿这笔钱呢？”

经理看着马小姐，觉得这个年轻人有这样的度量和气魄非常了不起，不但把自己的成绩与大家一起分享，连奖金也要平分给大家。马小姐的表现顿时在经理的心里获得了很高的分数。

经理笑道：“你有这份心就很好。但是，一码归一码，这个奖金是你应得的，要是分了，以后就没有人愿意努力付出了，不能这么干。”

同事对马小姐的印象本来就不错，听说她不仅没有独享利益与荣誉，还有要与大家分享的想法，顿时感觉心里暖暖的，大家对她的印象越来越好了。

当你建立功劳的时候，就已经使上级对你的才能有了信心。而此时，你又能不忘他人的努力和付出，将自己获得的荣誉与他人分享，这会使你的形象在他人的心目中变得更高大。

不要忘记他人的努力和付出，即使他人的付出很少，甚至根本没能帮上你的忙，也不要忘记说一声“谢谢”。比如朋友帮了我们的忙，感谢是不可或缺的，即便对方没有帮上你的忙，这一句感谢也是不可少的。“张哥，昨天那事你受累啦。”不要小看这样一句客套话，若是没有，很可能会让人感到失落。对方为你的事情花费了心神和时间，虽然没能帮上你，但是这份情你应该领。因此，好好地说一句感谢的话并不为过。如若不然，对方就会觉得你这个人不懂事，由此而变得关系冷淡。

照章办事，有些话要说在前头

老林和老韩是极好的哥儿们，不久之前，老韩找了一份保险经纪人的工作，他发现只要拉到一定量的客户，不仅可以获得可观的收入，还能够迅速升职进管理层。为了提高自己的业绩，他发动好哥儿们老林帮自己拉客户，并且承诺只要老林给自己拉一个客户，便给老林 1000 元的佣金。

老林也十分乐意为哥儿们效劳，更何况还有佣金拿。由于老林有着宽广的人脉关系，没多久，他就给老韩拉了十几个客户。借着老林的帮助，老韩很快就升职做了主管。

但是老林有些不乐意了，因为自己根本没有得到一分钱的佣金。他几次暗示老韩承诺的拉客户给佣金的事情，但是每次老韩都像没有听见似的，没办法，老林只好挑明了说："老韩，你当初说拉一个客户就有一笔佣金来着。现在我帮你拉了十几个客户，其中还有几个大单子，你也如愿以偿进了管理层，可是我的佣金你可没有给过一分呢！"

老韩一听，拍了拍脑袋，道："嘿，你看我这记性，佣金是有的，不过也不太多，所以也没太在意，现在就给你。"说着就掏出 4000 多元，递给老林。老林一看，便道："这也不对啊，你不是说一个客户 1000 元吗？怎么就这点钱呢？"

老韩拍了拍老林的肩，说：“你看，我们是好哥儿们，我也不至于贪你这点钱吧。上次我和你说的佣金，后来就改了。这怪我，没及时给你说……”

老林一听这话，就觉得不可信，怒道：“可是你当初答应了的，十几个客户，就这么点钱，这也太狠了吧！”

“你介绍的那些客户，也就几个大单子能拿 1000 元的佣金，其他的都是小单子，这 4000 多元，还是我努力为你争取的呢！你就别嫌少了。”

老林看了看老韩，道：“老韩，做朋友这么多年，没想到你这么不地道，早知道我就和你签份合同。”

事情的结果可想而知了。老林开始拉客户，可能仅仅为了给朋友帮忙，但有了利益收入，那就不只是帮忙这么简单了，二人其实已经是合作的关系，其中的利益分配就转变成为重点。如果利益分配搞不清楚，那么合作就持续不下去，二人的友情也会出现裂痕。

涉及财货等利益问题，一定要把握好原则，免得事情发展到不可收场的地步。先小人后君子，订立协议很重要。不仅合作的利益分配如此，平时借钱的时候也应该如此。

李某的一个朋友向他借 3 万元钱，并保证 3 天后归还。李某手里也不很宽裕，只有 1 万多元，但为了朋友，他瞒着下岗的妻子向同事转借了 2 万多元，凑足 3 万元借给朋友。在钱易手的时候，李某想：“要不要让他写张借条呢？”可是转念一想：“这么好的朋友，何必多此一举，这不是‘以小人之心度君子之腹’吗？”于是打借条的事情也就没有提。

3 天后，那个借钱的朋友打来电话，说钱暂时还不上，要拖两天。李某想："拖两天就拖两天。"两天过去了，朋友又说再拖两天。李某有些急了，但也没办法，那就再拖两天吧。

谁知道再过两天，对方音信全无。李某到朋友的单位和家里都找不到人，朋友的手机也一直关机。李某有些慌了，那个借钱给他的同事也不耐烦了，他当时许诺同事一个星期就还，而今却拖了一个多月还没有还上。

两个月后，他得到了那个朋友的音信，但是那个朋友已经将 3 万元钱扔进赌场，输了个精光，而且还不承认自己借钱了。李某想去法院起诉借钱的朋友，可惜空口无凭，没有证据。结果李某的钱没要回来，人情也没有了，真可谓人财两空。

因此，利益问题最好摆到台面上，先讲清楚，以免日后有争议，影响彼此之间的亲密关系。这也是为人处世的一条重要原则。不要说什么"咱们谁跟谁啊"之类的话，常言道"亲兄弟明算账"，开始的时候就把利益分配清楚，以后开展合作、一起做事也就没有那么多麻烦。

为人处世，要把关于利益得失的话说在前头，然后再讲情谊。这样做可以避免不必要的纠纷，对于双方的关系稳定维持也有直接的影响。特别是跟人合作之前，最好把利益分配先讲清楚。先小人后君子有利无害，可以防范风险，保障自己的权益，这也是得到大众和社会认可的行为方式。

朋友或亲戚之间相互借钱，往往出于义气或碍于面子，没有索要欠条。当对方还不起或者想赖账时，自己却空口无凭，即使到法院起诉，也会因为证据不足而没有结果。也有的人当时打了欠条，还款后却没有及时要回自己的欠条或者索要收据，结果对方仍依据欠条索要欠款，搞得有理说不清。所有这一切都是因为碍于情面，你不要担心对方会为此翻脸。如果对方是君子，这样做并没有额外增加他的责任；如果对方是小人，你也就规避了风险，对方想要赖也没门儿。

胸怀宽广，少一些得失之心

王女士和李小姐是同事，平时关系非常好。两个人经常在一起讨论工作上的事情，交换意见，因此两个人的工作成绩都非常出色，经常被领导并列提名表扬。

两个人在取得成绩以后，还会相互鼓励。王女士的家里有什么活动都会邀请李小姐参加，李小姐生日的时候王女士会买很好的礼物送给她。平日里，王女士总是称呼李小姐为“小妹”，李小姐也称王女士为“大姐”。

她们两个一直被单位其他员工羡慕，很多人觉得她们俩的关系比亲姐妹还要亲。

单位领导接到通知将要升迁。领导告诉单位里的人，说是按照上级的指示准备在本单位选择一个人来接替他。大家议论纷纷，不知道这个好运会落在谁的头上。

不久，候选人的条件公布出来，大家一致认为王女士和李小姐都符合条件，因为她们俩平时的工作成绩都很突出，表现也很优秀。王女士和李小姐显然也都明白这个道理。渐渐地，大家发现，王女士和李小姐不再一起出去吃饭了，也很久不见她们俩一起离开办公室了。

李小姐和王女士被叫到领导办公室谈话。领导先跟李小姐说：

“小李啊，你的工作成绩一直很优秀，这一点是大家有目共睹的。老王的成绩和你不相上下，你们两个有没有对现在的问题交换过意见呢？”

李小姐不说话，王女士也不说话。

领导看见两个人都是这个样子，无奈地摇摇头，说：“好吧，咱们暂时先说到这里。”两个人走出领导的办公室后都没有搭理对方。

同事看见两个人这个样子，就劝小李说：“小李，你还年轻，就让让老王吧，她过不了几年就退休了。再说，你们两个平时那么合得来，她对你也挺好的。”

李小姐听到这话，先是冷笑了几声，然后说：“她哪里对我好了？根本就不像你们看到的那个样子，她这个人最爱占小便宜，跟她相处，我吃了多少亏。这次我可不能让她，我吃亏也不能这样吃。”

李小姐说这些话的时候，王女士正好进门，听到了这番对话。她气呼呼地来到李小姐面前，说：“你还好意思说是你吃亏了，我看你是欺负大家都不知道，跟你这样的人相处，那才是真正的吃亏。每次请你到我家里吃饭，你都买些也不知道从哪里捡到的烂水果，根本就没法吃，你还好意思说是你吃亏。”

两个人就这样你一言我一语地吵起来，单位的同事见她们这样都纷纷过来劝解，但是两个人越吵越凶，最后竟然打了起来。

此事过后，两个人谁也没有再理睬过谁。不久，领导的调令下来了，他也向大家宣布了下一任领导的名单。王女士和李小姐谁都没有得到这个好机会。

两个人都觉得如果把这个机会让给对方的话，无疑是对方占了大便宜而自己则吃了大亏。有些时候过于计较，得失心太重，反而会舍本逐末。

得失心太重，失去平常心，很容易破坏人际关系。与人相处，有一分退让，就可能吃一分亏，但也会积一分福。是吃亏还是积福，在于每个人的领悟，别人认为的吃亏、糊涂，只要自己觉得那样做可以得到满足，也没有什么不能去做的。

管仲和鲍叔牙都是春秋时期的政治家，二人也是好朋友。管仲比较穷，鲍叔牙比较富有。管仲和鲍叔牙早年合伙做生意，管仲出很少的本钱，分红的时候却要分很多钱。

有人看不惯管仲这样的做法，就和鲍叔牙说："管仲怎么能做这样无耻的事情呢？他出了那样少的本钱，却拿那么多的分红，这样的人还是不要和他做生意了。"

可是鲍叔牙一点也不计较，他跟那个人解释说："因为管仲的家里有很多人都要他来养，他的负担很重，所以得拿多一点钱才行。"鲍叔牙在给管仲分红的时候还问他："这些钱够不够？"

管仲帮鲍叔牙出主意办事，结果不但没有把事情办好，还让鲍叔牙损失了很多，但是管仲一点也没有愧疚的意思。人们对管仲这样的态度很反感，但是鲍叔牙说："事情办不成，不是因为管仲的主意不好，而是因为时机不好。"

后来，齐桓公要委任鲍叔牙为相，鲍叔牙却推荐管仲："您要想管理好齐国有高傒和我就够了；您如想称霸，则非有管仲不可！"

于是，在鲍叔牙的举荐之下，管仲有了施展才能的机会，而他却甘愿在管仲的手下做事。齐国由此强盛，最终称霸诸侯。

在鲍叔牙去世的时候，管仲趴在鲍叔牙身上失声痛哭道："生我者父母，知我者鲍叔牙！"

毫无疑问，鲍叔牙是一个很有眼光的人，但这还不是他最杰出的地方，他最杰出的地方是胸怀和气量，不怕吃亏。

我们做人应该学学鲍叔牙，不要把利益看得太重，凡事多为他人着想，即便没有他那样的宽广心胸，也要尽量让自己的眼光放长远一点，不能怕吃眼前亏。

你可能现在吃亏，但是很快就会得到回报；也许有人经常占你的便宜，但是他最终会吃大亏。什么事情都是相对的，所以人不要在一点小事情上斤斤计较，良心安稳比什么都重要。

"吃亏是福"看起来是一句简单的俗语，但其中所蕴含的智慧却一点也不简单。社会在发展，在经济大潮的冲击下，很多人觉得讲"吃亏是福"的人简直就是傻瓜。真的是这样吗？吃亏，意味着舍弃与牺牲，但是也意味着合作和双赢。

把你帮助他人的事情全部忘掉

老王是少有的热心人，他特别喜欢帮助别人。同事、朋友之间，只要是能够插上手的，老王总会乐呵呵地帮上一把，用他自己的话说，反正闲着也是闲着，不如帮人一把。故而他从来都不吝惜自己的时间，也不在乎经济上的一些损失。

尽管大家都知道老王是个乐于助人的好人，但不知为什么，大家都对老王敬而远之。

以前老王有个十分要好的朋友，现在大家都称他为“老张”。在老张还没有对象的时候，老王特别殷勤地帮他介绍了一个。人们看老王为自己朋友的事情忙里忙外，比老张本人还积极，都觉得老王不错。

但是后来，细心的人们渐渐发现，老张经常躲着老王，两个人的关系看起来并不好。于是有人就问老张：“这到底是怎么回事啊？你们不是铁哥儿们吗？”

老张很尴尬，便说了一件事情：结婚那天，老王当着新娘子的面，一遍又一遍地讲他帮助老张忙活结婚的事情。

老张说：“当时老王说的话，让我感觉没脸见人，原来我这么没用，娶个老婆没有出一点力。这事一直到现在都让我的心里沉甸甸的。唉，这大概就是不能承受的恩情吧……”停了半晌，老张又不甘地加了一句："你们不知道啊，他那意思似乎就是说，没有他，我就要打一辈子光棍。"

就这样，老王的行为让老张一直如鲠在喉。一来二去，老张便与老王疏远了。

像老王这样的人，在生活中并不少见。他们总是喜欢将施恩于人的事情挂在嘴边，似乎特别担心别人会忘记自己的恩情。但是这样做不仅无法得到别人的感恩、佩服和亲近，还会使彼此的关系疏远，甚至引来别人的怨憎。为何会如此？

这是因为每个人心中都希望自己是受人肯定和认可的独立强者，而不是可怜的、需要帮助的弱者。有个人帮助了我们，我们会感激他，会想办法报答他，但如果他总是提醒我们"没有我的帮助，你就没有今天"，总是强调我们被帮助的历史，相信没有几个人心里会觉得舒服。

可是，那些给予你恩情和帮助的人当中偏偏有些不通人情世故、不懂受助人心理的人，总想要在受助人面前抬高自己的架子，想要让受助人承认他们是永远的弱者。

于是，受助人会如同受到了某种侮辱，因此心生别扭、不满、厌烦，甚至愤怒。

将心比心，我们便知道总把对他人的恩情挂在嘴边是幼稚的。因此，当我们帮助别人，或给别人好处的时候，要特别注意别人的感受，千万不要总是提起这些事情，最好将这些事情忘掉。

有个人送了朋友一条名牌牛仔裤，从此每逢见到对方穿着时，必然指出那是他送的。

不见对方穿着时，他又会问："我送给你的那条牛仔裤呢，怎么不穿了？"

有一次，朋友穿了那条牛仔裤，又被这个人说起。这位朋友实在忍受不了了，便闷声不响地把牛仔裤脱下，递给他说："宁可出这种丑，也好过为你做免费宣传。"

如果你是故事中的朋友，你是不是也会感到不舒服呢？而这样一个哪怕只是顺手帮了朋友一个小忙也会一天到晚挂在嘴边，时刻提醒受恩惠者要记得的人，给我们的印象是怎样的呢？相信没有几个人会喜欢他。

相反，那些能够将自己施恩的事情忘掉，不计较个人得失的人，因其胸襟与潇洒，往往会受到他人的尊敬。

有位不算富有的女孩，很喜欢名牌衣饰，然而买回来不久却又不想穿，于是就送给周围的朋友。

有个朋友收过她一件名牌衬衫之后，过了若干年，刚好跟她吃饭时就穿着那件衣服，便对她说："这件衬衫是你送给我的，穿了这么多年也没走样。"她大吃一惊，说："这么好的衣服呀，我怎么会送给你了呢？"

这个女孩是懂人心的，她也很受朋友们的欢迎，朋友们对她的评价，不是慷慨与幽默，就是大气与洒脱。她听到大家的赞扬后十分快乐，也更喜欢帮助朋友。

如果你为朋友做了事，给了朋友好处，就自以为了不起，那么，必然会招致对方的厌恶。没有朋友会因为你不说就忘记你的情，多说反倒无益。如果你总是以给人好处而自居的话，人家可能会尽快地还你的情，之后便对你敬而远之，即使你再有能耐，以后他也不愿意再与你接触了。事实上，帮忙、给人好处也要注意方式。首先，帮忙的时候要高高兴兴，不可以心不甘情不愿，这是最起码的要求。其次，千万不要给对方增加心理负担，而是要让人觉得你的帮助是自然而然、顺理成章的，这样对方才会乐意接受并体会到你的关心。

虚心一点，赢得他人的认同

春秋时期，孔子和老子各成一家，但是，孔子的儒家学说却总是碰钉子。孔子听说老子的道家学说很有威望，很想去了解一下。

于是，孔子借游说的机会去见了老子。他带了几个学生，到了“道德宫”，见门关着，便上前问道：“里边有人吗？”

门打开，出来一个小孩，看着孔子一行人，警惕地问：“你们是干什么的？”

孔子连忙上前，自我介绍：“我叫孔丘，此来是为了求见老子的。”

小孩听了，点头说：“你先等着，我进去通报一声。”说完，小孩回身进去了。不一会儿，那孩子出来说：“老师不在家，明天再来吧。”说着把门“咣当”一声就关上了。

孔子师徒被弄得面红耳赤，只好返回。

第二天，孔子又领着学生来到“道德宫”。大门敞着，孔子很高兴。可是，进门一看，二门紧闭。

孔子敲门，又出来一个小孩，他问：“你们是干什么的？”

“哦，我们是来求见老子的。”

“是求见，还是求教？”

“求见。”

“求见？不得闲。”说罢，小孩就要关门。孔子一见，急了，改口说：“别关，别关！求教的！我们是来求教的！”

小孩眯眼往孔子背后一瞧，说：“求教？哪有求教带这么多人的，分明是来挑衅的！老师正在睡觉，没工夫搭理你们，有事明天再说。”

于是，孔子再次铩羽而归。

到了第三天，孔子对学生们说：“这样，今天我一个人去见老子，前两次怪我学礼不知礼，连求见和求教都分不清。”

孔子一个人来到“道德宫”，只见宫门大开，遂上前施礼，说：“孔丘特来求教。”

话音刚落，出来两个小孩，正是前两天见到的那两个。只见二人以礼相迎，带领孔子进去了。

孔子见了老子，连忙躬身说道：“孔丘特来求教。”

老子起身还礼：“久闻孔先生的大名，请坐。”

于是，二人攀谈起来。

老子问他：“孔先生如今研究什么学问啊？”

孔子回答：“正读《周易》。古人也读这书。”

老子说：“嗯，古人读《周易》，有用。可你现在读它有什么用呢？”

“我在追求仁义。”

“那么，你追求仁义这么多年，可得到些什么道理吗？”

孔子想了想，说：“我研究了 27 年，没得到一个真正能行得通的道理。”

老子听孔子这样说，笑道：“既然这样，那么，我就跟你讲讲我的心得吧。光讲仁义是不行的，还必须讲‘道’，有了‘道’才能有‘德’，用‘道德’近‘仁’，‘仁’则近之。你如果愿意追求‘道德’的话，我就把我研究的‘道德’给你讲一下。”

孔子当即虚心求教。于是老子便一五一十地开始讲了起来。二人从天明一直聊到天黑。从此，孔子每天都去听老子讲道。“道德宫”门前的那条小巷则被后人称为“问礼巷”。

人们往往喜欢高姿态地表现自我，殊不知，低姿态才是良好的心态。心态放低了，有一些看似艰难的事情，做起来就会顺理成章。其实为人处世也是一样的，当一个人能够放低自己的姿态，就很容易得到他人的赞同。

孔子所处的时代，儒家和道家是学术上的竞争者。如果孔子不放低姿态，老子是不会跟他讲述自己的心得体会的。所以，老子问他：“你追求仁义这么多年，可得到什么道理？”孔子说没有得到真正的道理。老子因此知道他是真的来求教的。

如果当时孔子说：“我有一些心得体会，想要和你探讨。”老子必然不会与他聊下去。求教就是求教，要有求教的态度，要是摆出一副欲争辩和说服对方的样子，那就必然让人心生戒备与厌恶。这种情况下，想要得到别人的认可是很困难的。在现实生活中，许多人不了解这一点，因此总是一副大师模样，就像老师对待学生或家长对待孩子一样，要求对方接受自己。

将心比心地说，谁能喜欢别人摆出高高在上的姿态？如果一个人高高在上地对你的行为指指点点，你的感受肯定不会太好。

哪怕对方是真心实意，要是摆出一副施舍的样子，也会让人觉得难以接受。

放低姿态，更能赢得他人的认同与好感，不仅拉近了双方的距离，而且使双方更容易沟通，更容易让对方从心理上接受自己。

有个人在一家一流的银行里做领导，每次参加同学聚会的时候都会迟到，大约是想让大家都觉得他的身份、地位不一般。

每次迟到，他都会说："不好意思，我刚才有一个管理层的紧急会议。""公司的司机不怎么熟悉这儿的路。"然后摆出一副"我和你们不一样，我很忙，本来今天都不能来了"的架势。

这种摆派头的做法让同学们都皱眉头，因此，同学们对他的评价很不好，觉得他看不起人，甚至还会有人说他："那副德行，早晚有摔下来的一天！"

而另外一位先生，他虽然也迟到了，却没有人对他有意见，非但没有意见，大家还都很同情他。他是一家证券公司的管理人员。

有一次，他迟到了一个小时。他是这样致歉的："实在对不起！说起来都不好意思，现在证券业不好做，今天又出了件麻烦事。公司不景气，不能随便用车，坐地铁换乘又换错了。真是对不起大家了！"

听了他的这一番解释，有些人心里会犯嘀咕："真的还是假的呀？"但也不会生气。甚至还有人会报以同情，发出感叹："唉，真是不容易呀！现在大家都不容易啊！"

不去为自己找一些冠冕堂皇的借口，而是把自己的失败、不如意告诉大家。大家会想：原来他也不容易呀！于是，大家的心理也就平衡了。

对于很多人来说，放下身段、放低姿态实在是人生中难以达到的境界。也正是这个缘故，身份、地位越高的人，若能放下身段、放低姿态，与别人交流就很容易使人钦佩。无论你是得意还是失意，无论你是成功还是失败，无论你是幸福还是不幸，永远不要忘了表达自己的谦虚，放低自己的姿态。

帮助他人要讲究方式

古时有个农夫与村里的富翁是道义之交。一年，农夫田地的收成不好，到了年尾，不得不借钱过年。

农夫找到了富翁，希望他可以帮助自己。除夕那天，富翁兴致很高，非常爽快地掏出钱借给了农夫，还大方地说："拿去用吧，不用还了！"

农夫小心翼翼地接过钱，谢过了富翁之后，匆匆往家里赶。富翁冲农夫的背影又喊了一遍："不用还了！"

大年初一的早上，富翁很早就起来了，当他打开院门时，发现自家门前的积雪已被人扫过，院子里干干净净。一打听，才知道是农夫一大早做的。

富翁蓦然明白了：给别人一份施舍，就把别人当成了乞丐。想到这里，他立刻去找农夫写了一份借契。

当对方有困难时，主动地伸出援助之手，会使对方倍感温暖。而有时候适当地请求对方帮助，还会加深朋友之间的友情。但是，千万不要以一种高高在上的态度帮助别人，这样只会让人感到不舒服。做人要学会尊重他人。

有位作家打算长期资助一名贫困山区里的学生。于是，他选定了一位品学兼优的孩子。作家每隔一个月都寄去一笔善款，但从来不问善款的去向。

最初，那个孩子给作家写了一封感谢信，但作家没有回信。再后来，孩子竟写信给作家，让其增加汇款金额。其实，之前寄去的善款已经足够。

面对这突如其来的信，作家一打听才知道：这个孩子后来因学习失意，拿钱去网吧上网，肆意挥霍，酗酒打架，甚至曾被送进了少管所。

这个孩子的所作所为，令作家心寒不已，以至作家一度偏激地认为孩子的品性不好，但他从没有反省自己的助人行为所存在的问题。

作家的助人行为有错吗？表面上看没什么问题，有问题似乎也是那孩子本身品质的问题。但是事实上，作家的助人行为是存在问题的——是他把帮助变成了施舍，将一种需要感激的帮助变成了一种理所应当的施舍。

当你站在一个较高的位置上，对他人施以援手的时候，要注意说一些必要的话，否则的话就会伤及他人的自尊。

那位作家在资助孩子的同时，若能够重视孩子的感谢信，多跟孩子说一句：“希望你能够好好学习，以后考一个好大学，有一番作为，那叔叔就心满意足了。你可不要让叔叔失望哦！”也许事情就会是另一番景象。

因此，帮助他人的同时，要表达尊重和鼓励，这样的帮助才会更有效。除了对帮助对象要注意表达的方式，在帮助别人的时候，对于其他的参与者也要有起码的尊重。

有个人与他人结怨，为了息事宁人，他多次央求村里很有名望的老人出面调停，但是对方不愿意和解。他听说邻村有个德高望重的老人最擅长调解纠纷，于是特地去请。

那老人是一个热心人，接受了请求，便亲自上门去劝说。费了许多力气，最终使得结怨的双方达成了和解。按照常理，老人家不负所托，完成任务后就可以离开。但是，老人家并没有一去了之。

老人对已经和解的二人说："我听说你们这件事情有许多当地有名望的人调解过，但是最终都没有达成协议。这次我很幸运，你们都这么相信我，让我了结了这件事。但是，我毕竟是外乡人，虽然做成了这件事情，但是传出去未免使本地人失去脸面，这样不好。所以，现在请你们两位帮我一个忙。"

二人听了，连忙点头说："您请说。"

老人说："你们在表面上要做到让人以为我出面也解决不了问题，等我明天离开此地，本地几位乡老还会上门，到时你们接受他们的调解，这样对大家都有好处。拜托了。"

二人听后，对老人家的细腻心思都很佩服，连忙点头答应。

帮助别人，应该注意调和社会关系，助人之后不要夸功。就像故事里那位老人一样，助人化解矛盾而不居功，竭力维护好其他调和者的尊严，因此更加受到人们的尊敬。

当你打算帮助别人的时候，就要多考虑一些事情，比如帮助人的方式是否恰当，又比如其他参与者的颜面该怎么维护。总而言之，应该把事情做得更加周全一些。不要一时兴起，兴之所至便随意而为，那是不成熟的做法，弄不好的话便会好心办坏事。

乐于助人是好事，不过，好事不见得会带来好结果。若是不能采取恰当的方式，很可能会好心办坏事，把简单的事情办成复杂的事，那样的话反而会让人难堪，导致尴尬的局面。所以，做事应该周全一些，站在别人的立场上多想一想：你帮助对方的方式合适吗？对人够尊重吗？有没有冒犯别人呢？

嘴巴甜一点，路子就多一点。

没有人不喜欢被赞美，只有不会赞美别人的人。若你的赞美不被人所接受，并不是那个人不喜欢赞美，而是你的赞美方式有问题。

在一次社交活动中，老王被女主人介绍给一位贵宾。双方客套几句后，女主人背过身去嘱咐老王："说些中听的话。"声音虽然很低，但是那位贵宾显然听到了。老王就很尴尬，他一时想不起什么"中听的话"，就对贵宾笑着说："我知道你是那种不能随便奉承的人。"贵宾笑起来，紧张气氛一下消除了。

老王这句话虽没有包含什么实质性的恭维内容，却使对方获得了被夸赞的感受，机智而巧妙。

有位图书推销员去拜访一位女士。那位女士听说访客是推销员时，脸色顿时变了，冷冷地说："我知道你们这些推销员很会奉承人，专挑好听的说，不过，我不会听你的话的，你还是不要浪费时间了。"

图书推销员微笑着说道："是的，您说得很对。推销员是专挑那些好听的话来讲，说得别人昏头昏脑的，而像您这样的顾客我却很少遇到，显然您是一位很有主见、从不受人支配的女士。"

那位女士听了图书推销员的话，脸色好看了很多。她问了一些问题，图书推销员一一做了回答。最后，他对女士说：“您对于书籍的看法和认识，让我感到惊讶。看得出来，您是一位爱书的人。我想，也许正是书籍让您具备了敏锐的头脑、不凡的谈吐和沉稳的气质。”

女士十分开心，她表示自己很希望买几本书，多长点知识。我们没有必要去阿谀奉承，但说一些好听话让人高兴，这是一种有礼貌的表现。

“你这身衣服真漂亮！”“你的头发发质真好，又黑又亮！”“谁帮你选的领带，太衬你的气质了！”这样的话让谁听到会不高兴呢？不要吝啬你的溢美之词，当你看到别人脸上的笑容，难道不高兴吗？这就是说好话的一大好处，让别人开心的同时，也让自己高兴。

当然，赞美要有分寸，如果太露骨了，就很容易惹人讨厌。有时，只需要简短的一句话就可以。比如，“你做的企划案很棒”“相信你一定能做到”之类的话，会让对方感觉到被关注，无形中拉近你们之间的距离。

还有，想要体现嘴巴甜，最简单的方法就是使用动人的称呼。称呼别人时，年轻的你可以叫“漂亮的小妹妹”“可爱的小弟弟”，与你一般大小的可以称呼“美女”“靓仔”，年龄明显比你大的，男士统一用“叔叔”，你只需要知道把人叫年轻，就能够让他开心。

对于年龄稍大的女士，就叫“美女姐姐”，当然，如果她的长相确实不太好看，就不能这么称呼了，不然人家以为你讽刺挖苦她。这时，你可以直接称“姐姐”。年纪如果确实大到你不适合称呼其为“姐姐”时，你可以用“大姐”，尽量不要用“阿姨”之类的称呼。

人总是喜欢听别人的赞美，有时即使明知对方讲的可能不是实话，心里还是免不了会沾沾自喜。对于赞美的话，基本上没有人会拒绝。

Chapter 7

第七章

无懈可击，让人喜欢你

都是含糊其词惹的祸

说话含糊其词，表达模棱两可，容易给人造成误会，或者别人会以为你在给他某种暗示，从而对你提出一些无礼的要求。这个时候我们就要及时澄清事实，声明自己的立场，让事情朝好的方向发展。

与人交谈时应该注意，答话时千万别含糊不清，否则很容易产生误会，万一你无法自圆其说，必定陷入窘境，任何说话技巧都无济于事。所以，说话要把握主旨和逻辑，要说得精准严密，以免言谈有所闪失，授人以柄，甚至作茧自缚。这是避免错误、摆脱窘境的根本方法。

假如朋友或同事在公开场合责备你，而情况与事实又有出入，这肯定使你难堪。这时，你该怎么办呢？你可以心平气和地直言："我们是否私下谈谈？我想请你调查清楚了再说话。不然，我以后很难和你相处。"

倘若亲友无缘无故责备你，你也应该明确地跟他说："你让我十分难堪，请你告诉我这是为什么？我哪里得罪你了？"当然，假使是你自己做错了事，哪怕是无意的，也要诚恳道歉。明辨事理，直言不讳，这才是摆脱窘境的最佳方法。

适当地运用语句，是先从心中的酝酿开始的。当然，除了思想观点正确、思维严密有序外，首先要正确理解语句的含义。但是，有时你本身使用的语句是正确的，也可能造成误解。这是因为，其一是你可能出现口误，由于环境干扰、精力分散，会造成这样想那样说的情况。其二是倾听的一方由于理解上出了问题，没能正确领会你的意思，因而出现语言误会。

出现上述情况时，请不要在咬文嚼字上兜圈子，说者和听者都要抱着宽容的态度，重新再交流一次，遇到重要问题，听者还应把说者的话重复一遍，以检验是否有错误的理解。

环环相扣，表达无懈可击

万事万物之间都有一环扣一环的复杂的联系。在交谈场合，特别是在论辩场合，利用这种连环的联系，深入揭示事物之间的必然内在联系，将前后论辩过程密切地串联在一起，使自己的论辩言辞具有严密的逻辑性与雄辩的说服力。擅长运用连锁紧扣方法，能充分表现一个人的语言表达能力。

有一次，一个英国记者对周恩来说："一个国家向外扩张是由于人口过多。"

周恩来马上反驳道："我不赞同这种看法，英国的人口在第一次大战前是4500万，不算太多。但是，英国在一个很长的时期内曾经是'日不落'的殖民帝国。美国的面积略小于中国，而美国的人口还不及中国的1/3，但是美国的军事基地遍布全球，美国的海外驻军150万。中国人口虽多，但是没有一兵一卒驻在外国的领土上，更没有在外国建立军事基地。可见一个国家是否向外扩张，并不取决于它的人口多少，而取决于它的社会制度。"

面对周恩来的驳论，那位英国记者只好放弃自己的观点。

连锁紧扣有两种表现形式：一是连锁分离式，即以一系列的环环相扣的条件命题为前提，通过肯定第一个条件命题的条件而得出肯定后一个条件命题结论的论辩形式；二是连锁拒取式，即以一系列的环环相扣的条件命题为前提，通过否定后一个条件命题结论而得出否定第一个条件命题的论辩方式。

汉朝时，黄霸是颍川郡的郡守。他刚到任，就有两个妇女为争夺一个小男孩吵着到官府告状来了。黄霸派人抱了那个孩子放在坪院中间，对两个妇女说:“你们抢吧，谁抢着这个孩子，他就归谁。”

那两个妇女都没命地扑向孩子，一个抱着孩子的腰，一个抱着孩子的腿，果真抢了起来。孩子哪受得了这番折腾呢？于是就哇哇大哭起来。孩子一哭，一个妇女就松了手，也跟着哭了起来。

黄霸指着夺到孩子的妇女说：“这孩子不是你的，你怎么赖人家的孩子？”她却分辩说：“你明明说谁抢到了孩子，孩子就是谁的，我抢到了孩子，怎么又说不是我的呢？”

黄霸厉声喝道：“如果这孩子真是你的，你是孩子的母亲，你就会心疼孩子；如果你心疼孩子，你就会怕孩子受伤；如果你怕孩子受伤，你就不会咬牙切齿地抢孩子而不撒手。现在你死命地抢抱孩子，可见这孩子不是你的！”

黄霸在与这一妇女的论辩中，使用了连锁拒取式，通过否定最后一个条件命题的结论“你死命地抢抱孩子”，得出否定第一个条件命题的结论：“这孩子不是你的。”黄霸的论辩有着不容置疑的说服力。我们在说服他人的过程中，要懂得借鉴和运用这种方法。

没有调查研究就没有发言权

遇到不如意的事情就勃然大怒，只不过是宣泄自己的不满情绪，绝不会帮助自己解决问题或走出困境。

某企业的一个市场调查科科长，因为提供了错误的市场信息而造成了企业的重大损失。犯了这样严重的错误，毫无疑问，企业总经理可以不问理由地对他进行斥责，甚至撤职。但是，这位怒上心头的总经理还是忍了忍，他想先了解一下：到底是这位科长本身不称职，片面听信了错误信息呢，还是由于不可预料的原因导致的？

于是，这位经理压下了心中的怒火，心平气和地把科长叫来，叫他把判断失误的原因写一个报告交上来。事情就这样拖了一段时间，几个月之后，这家公司因为这位市场调查科科长提供的信息极为准确而大赚了一笔。总经理又叫人把那个科长请来，说：“你上次的报告我看了，你们的工作做得不太细致，有一定责任，但主要是不可预测的意外原因造成的，因此公司决定免除对你的处罚，你也就不要把它再放在心上，以后吸取教训就行了。这一次，你做得不错，为公司提供了重要信息，我们仍然要表扬你。”说完，总经理从办公桌里拿出一个红包递给他，这个科长接过来时不禁眼眶泛红。

千万不能随便发脾气，在指责别人之前，一定要把情况了解清楚：这个错误是不是他犯的，是由于主观原因还是客观原因，等等。如果你一看到出了问题，就不管三七二十一对对方痛加指责，他真错了，也许就默认了；但如果不是他的错，肯定会对你满肚子意见，虽然口头上不说，心里一定怨恨："你怎么连情况都不问清楚，就随便指责人呢？真差劲！"

要牢记一句话："没有调查研究就没有发言权。"遇到问题时，别忙着发怒和批评人，先了解情况。这样主动权就掌握在你的手里，你想在什么时候、采取什么方式对他进行批评，完全由你决定。

凡事先调查清楚再作结论，说服也是如此。没有人会凭空去说服谁，也不会不分青红皂白地与人争论、辩解，凡是有说服他人能力的一方，必定是做好了调查和了解的准备的。只有事先了解对方，才能够知道选择什么样的说服方法。

用理由敲开说服的大门

多年以前，拿破仑·希尔曾应邀向俄亥俄州立监狱的服刑人员发表演说。他一站上讲台，立刻看到眼前的听众之中有一位是他在10年前就已认识的朋友——D先生，D先生此前是一位成功的商人。

拿破仑演讲完毕后，和D先生见了面，谈了谈，发现他因为伪造文书而被判20年徒刑。听完他的故事之后，拿破仑说："我要在60天之内使你离开这里。"

D先生脸上露出苦笑，回答说："希尔，我很佩服你的精神，但对你的判断力却深感怀疑。你可知道，至少已有20位具有影响力的人士曾经运用他们所知的各种方法，想使我获得释放，但一直没有成功。这是办不到的事。"

大概就是因为他最后的那句话——"这是办不到的事"——向拿破仑提出了挑战，他决定向D先生证明，这是可以办得到的。拿破仑回到纽约市，请求他的妻子收拾好行李，准备在哥伦布市（俄亥俄州立监狱所在地）停留一段时间。

拿破仑的脑海中有一个"明确的目标"，这个目标就是要把D先生弄出俄亥俄州立监狱。他从来不曾怀疑能使D先生获释。他和妻子来到哥伦布市，买了一处高级住宅，像要永久性住下去一样。

第二天，拿破仑前去拜访俄亥俄州州长，向他表明了此行的目的。拿破仑是这样说的：“州长先生，我这次是来请求你下令把D先生从俄亥俄州立监狱中释放出来。我有充分的理由，请求你释放他。”

“我希望你立刻给他自由，为此我准备留在这儿，等待他获得释放，不管要等待多久。”

“在服刑期间，D先生已经在俄亥俄州立监狱中推出一套函授课程，你当然也知道这件事。他已经影响了俄亥俄州立监狱2518名囚犯中的1728人，促使他们都参加了这个函授课程。他还设法请求获得足够的教科书及课程资料，使得这些囚犯能够跟得上功课。难得的是，他这样做并未花费州政府的一分钱。监狱的典狱长及管理员告诉我，他一直很小心地遵守监狱的规定。一个能够影响1700多名囚犯努力学习的人，绝对不会是个坏家伙。”

“我来此请求你释放D先生，我希望你能指派他担任一所监狱学校的校长，这将使得美国其余监狱的16万名囚犯获得向善学习的良好机会。”

“我准备担负起他出狱后的全部责任。这就是我的要求，但是，在您给我回答之前，我希望您知道，我并不是不明白，如果您将他释放，而您又决定竞选连任的话，这可能会使您失去很多选票。”

俄亥俄州州长维克·杜纳海先生紧握住拳头，宽广的下巴显示出坚定的毅力。他说：“如果这就是你对D先生的请求，我将把他释放，即使这样做会使我损失5000张选票，也在所不惜……”

这项说服工作就此轻易完成了，而整个过程费时竟然不超过5分钟。3天以后，州长签署了赦免状，D先生走出监狱的大铁门，他再度恢复了自由之身。

拿破仑之所以能够成功地说服州长，和他的周密考虑和精心安排是分不开的。拿破仑事前了解到，D先生在狱中行为良好，对1728名囚犯提供了良好的服务。当他创办了世界上第一所监狱函授学校时，也为自己打造了一把打开监狱大门的钥匙。那么其他请求保释D先生的人，为何无法获得成功呢？主要是因为他们不是告诉州长D先生的父母是著名的大人物，就是说他是大学毕业生，而且也不是什么坏人……他们未能提供充分的动机，使州长觉得自己有充分的理由去签署赦免状。

拿破仑在见州长之前，先把所有的事实研究了一遍，并想象如果自己是州长本人，什么样的说辞才最能打动他。拿破仑是以全美国各监狱内的16万名男女囚犯的名义请求释放D先生的，因为这些囚犯可以享受到D先生所创办的函授学校的利益。他绝口不提D先生有声名显赫的父母，也不提自己以前和D先生的友谊，更不提D先生是值得我们帮助的人所有这些可被用来作为请求保释他的理由，因为和下面这个更大、更有意义的理由比较起来，其他理由显得没有太大的意义。这个更大、更有意义的理由就是，他的获释将对另外的16万名囚犯有很大的帮助，将使这些囚犯享受到他所创办的这个函授学校的好处。因此，拿破仑靠着这个最大最关键的理由获得了成功。

理由是说服人的关键，也是根本，因此，我们在说服别人的过程中最具有说服力的方法，就是强调一个最大最关键的理由。

事实胜于雄辩阔论

别人犯了错误，由于直接牵涉到个人利益的得失，因此会找出一些客观原因为自己辩解，此时如果直接反驳对方，很可能会伤害对方的面子，刺激起他的逆反心理。因此，你最好控制住自己的情绪，心平气和地回到事件本身上去，寻找对方错误所在的确凿依据，用事实说话，让他自己去决定是继续狡辩还是承认错误，这样对方在面子上就好过多了。

某中学中午开饭时，一个学生端着一饭盒刚买到手的菜来找司务长反映菜没有炒熟。司务长经过鉴定，证实了学生的话，于是就和这位学生带着那盒没熟的菜去找炒菜的刘师傅。

刘师傅没等司务长把话说完就来了火气：“煤不好，火头上不来，炒的菜又多，就是神仙来也没得办法！”

作为司务长明明知道学校烧的煤是没有问题的，平常这位师傅炒的菜也是没有问题的，这次完全是因为他的责任心不强造成的。但他没有急于接着他的话反驳他，而是问站在一旁的炒菜的王师傅：“你今天炒菜烧的什么煤？”

王师傅回答：“院子里的那堆煤。”

司务长问道：“噢，那你今天炒了多少菜啊？”

王师傅回答：“和刘师傅炒的一样多。”

司务长告诉王师傅：“嗯，把你炒的菜打点给我看看。”

司务长尝了后又交给那个学生尝，都说熟了。

这时司务长才转过头来问刘师傅：“你看，到底是因为煤不行，还是炒的菜太多啊？要不要让我再用相同的煤和相同的菜试验一遍呀？”

在这样雄辩的事实面前，刘师傅开头的那种神气已经没有了，连忙答应把那些没卖完的不熟的菜端去重炒。后来，连司务长宣布按规定扣他的奖金，他都没吭一声。

在这里，面对刘师傅推卸责任的自我辩解，司务长并没有直接把自己内心的想法说出来驳斥对方，而是从另一位炒菜师傅那里寻找证明刘师傅错误的事实依据，然后心平气和地把这些事实摆在刘师傅面前，这样，刘师傅自然无话可说，并自觉地改正错误、接受处罚了。

俗话说：“事实胜于雄辩。”当对方对你的辩论提出质疑或不服时，不妨列举一两个事实作为例证，用事实说话，对方自然理屈词穷。

实物表达，无声胜有声

最容易引人注意，加深对方的印象，并使人不会忘记的，莫过于将实物展现在对方面前。无论我们是在提议还是在劝告，让事实说话总是打动他人最简单的办法。

米切尔本是每周领 10 美元薪水的办事员，后来却成了美国最大的一家银行的董事长。当他还是一家证券公司的主任时，常常有证券销售人员跑到他的办公室，抱怨没有人买证券。每当发生这种事时，他从来不争辩，只是说："把你的帽子戴上，我们一起出去吃点什么。"

于是，他就借机会领着抱怨的人登上一座高耸的建筑，站在窗口往下看。米切尔说："仔细地看下去，那里有 600 万居民，他们的总收入有几十个亿，他们正等着有人到那里去告诉他们如何才能最好地利用他们的积蓄，好好看看吧。"

用这种方法，销售人员几乎无一例外地重新打起了精神。

米切尔的成功说服在于，他不只是用语言来鼓励那些意志消沉的销售人员，而是把事实都摆在他们面前，让他们用自己的耳朵听，用眼睛看，去分析事实的真相。

"建筑之王"希尔也曾用这一招成就了自己非凡的事业。当年，希尔在承包已经破产的圣保罗城至太平洋沿岸的铁路公司时，急需大银行家斯蒂芬的支持。

由于要将修筑的铁路延伸到广袤偏僻的草原上，斯蒂芬觉得，这样荒凉的地方根本就没有办法运营铁路，他一点兴趣也没有。希尔费尽了唇舌，他也始终不肯答应提供银行贷款。直到有一天，希尔将斯蒂芬拉上了一辆通往西部的火车，在终点站停下时，斯蒂芬改变了想法。

原来，火车终点站的四周聚集了很多人，由于火车行到这里就结束了，各种运输车辆把小路挤得满满的。看到这么多的人，斯蒂芬兴奋起来，他可以想象出一幅往这里大移民的情景了。突然，他变得非常友好，而且主动提出要与希尔合作了。

我们注意到，当一种观念进入人心很长时间，外人是很难用话语将它改变的。这时，要想改变一个人对一件事的偏见，就要找到与他观念相悖的事实，自然而然地引入这个事实，并在时机成熟时阐释它、发挥它，使之真正成为你的有力证据。

某集团总裁钱先生约见新技术总监方女士时，了解到她的顾虑：方女士刚从国外回来，因为自己没有背景，又是年轻女性，担心受到歧视。为了打消方女士的顾虑，钱先生请了3个人作陪，一位是经理张小姐，一位是宣传部庄女士，另一位是自己太太的侄女。为什么请这3个人呢？因为她们都是从国外留学回来的。钱先生先介绍3位陪客，然后讲了公司的制度，讲男女员工的平等地位，女员工不会受到歧视。如果没有3位女士在场，以事实做证，方女士未必会相信钱先生，未必会去除偏见，打消顾虑。

总之，要想赢得他人的注意、获得他人的信任，最简单的方法就是把实物摆在他人面前。对于普通人来说，眼见为实最能让人信服。在说服的过程中尽量提供一些实物，聪明人常用这种方法。

晓之以理，动之以情

一次，当一个旅游团风尘仆仆地赶到事先预订的旅馆时，却被告知套房的浴室没有热水供应。领队找来旅馆经理说："对不起，这么晚还把您从家里请来。但大家满身是汗，不洗洗澡怎么行呢？何况我们预订时说好供应热水的呀！这事只有请您来解决了。"

经理说："这事我也没有办法。锅炉工回家去了，他忘了放水，我已叫他们开了集体浴室，你们可以去洗。"

"我们的确可以到集体浴室去洗澡，不过，套房一人 50 元一晚是有单独浴室的，现在到集体浴室洗澡，那就等于降低到统铺水平，我们只能照统铺标准，按一人 15 元付费。"

"那可不行！"

"那就请你给我们的套房浴室供应热水。"

在领队的据理力争之下，自知理亏的经理只好叫来锅炉工，为他们供应了热水。

有时候，双方的矛盾处在僵持阶段，双方在心理上对对方已树起了一道严密、对立的屏障，直言劝解不仅不能达到解决矛盾的目的，反而容易激起当事人的逆反心理，使矛盾更加激化。这时，你最好结合双方过去的友谊、情感和亲密的状况，以回忆往事的方法唤起对方对往日情谊的感怀，从而感化对方，使他们在惭愧、不安与反思中化解矛盾。

有两位同胞兄弟因遗产问题发生了纠纷，他们便把外地的大姐请回来做裁判，以求得财产的合理分配。大姐到达的当晚，亲自下厨为两位弟弟做饭。在饭桌上她见兄弟两个互不理睬，便叹了口气说："唉，如今经济条件好了，办一桌饭也不费力了。想你们小时候连鸡蛋也吃不上呢！有次见别人家的孩子吃鸡蛋，你俩就吵着也要吃。我没法子，就煮了一个洋山芋骗你们说是洋鸡蛋。你俩高兴得直拍手，一个说，弟弟你先来一口；一个说，哥哥你先来一口……"说着说着，大姐眼圈红了。两位弟弟的心弦被触动了，都不好意思起来，接下来再进行遗产分配自然就容易了。

大姐是聪明的，她明白就事论事可能会使两人都觉得不公平，于是便用回忆往事的方法，对其进行润物无声的感化，勾起了兄弟间的亲情，两人自然不会再在财产上斤斤计较了。

以理服人，以情感人，是处理争论和说服他人最有效的沟通方式。没有人愿意胡搅蛮缠、无理取闹，讲道理的过程再配合情感攻心术，便可以征服不易被说服的心。

数字表达，事半功倍

数字可能是最简单，也可能是最深奥的。数字具有非凡的说服能力，不容忽视，它能给人一种真实、具体的感觉，让对方在脑海里形成清晰的图像，特别是使用对比性数字的时候，这个效果会比单纯地罗列数字更为明显。

在你的交流、沟通、演讲以及说服过程中，如果能巧妙地运用数字，将取得事半功倍的效果。

1922 年，来自纽约的一位国会议员贝拉·伯朱格女士进行了一次演讲，呼吁在政治生活中给予妇女平等的地位。

她说："几个星期前，我在国会倾听总统向全国发表讲话。在我周围落座的有 700 多人。我听到总统说：'这里云集了美国政府的全体成员和内阁成员。'我环视四周，在 700 多名政府要员中，只有 12 人是女性；在 435 名众议员中，只有 11 人是女性；内阁人员中没有女性；最高法院中也没有女性。"

她列举的这些具有鲜明对比的数据说明了她的观点。无论你是否赞成她的观点，在这些确凿的数字面前，你都不得不承认在这个国家的政治生活中确实存在着严重的性别歧视问题。

这就是数字的力量。它意味着铁一般的事实，比任何苦口婆心的劝说都更有说服力。

这些具体化了的数字对比结果，比任何笼统的说辞更能激起你对这件事情的关注吧！因此，无论在哪种说服场合下，都要恰当地穿插一些数据。

下面是某一个重点高中的招生启事，我们看看它是否具有说服力。

本校是省立重点中学，师资力量雄厚，校风严谨、务实，校园环境幽雅，是您理想的选择。今年计划招生 200 人，要求……

当看到这则招生简章的时候，你去注意那些什么重点、务实之类的东西吗？你当时或者随便把它丢在一边，或者只是简单浏览一下具体要求是什么，但无论你是怎么做的，都不会激发你想进该校的强烈愿望吧！

那么再看下面的这则招生简章：

本校高中毕业班今年考上重点大学 458 人（其中升入清华大学 52 人、北京大学 97 人），考上专科学校 321 人，升学率达到 92％……本校有资深教师 278 人，其中 152 人获得全国优秀教师称号；本校拥有全国最先进的教学实验室和多媒体教学设备……进入本校就等于一只脚迈进了清华、北大的校门。你做好准备了吗？

看到这则招生简章的时候，你还会无动于衷吗？你是否在想：或许，3 年后我应该是这 52 或 97 中的一人吧。

显然，第二份招生简章更具有说服力。这就是数字的说服力量。

具体的数字最有说服力，愈是明确的数字资料，愈能给人信任感，愈能增强表达力和说服力。

谨慎周密，把话说得天衣无缝

语言表达在人际交往中并非小事。有的人说话缺少推敲、漏洞百出，让人一问便会哑口无言，如果被对方抓住了破绽，更是尴尬万分。所以，语言不严谨，表达不周密，就会给人一种不诚实、胡编乱造或者敷衍的印象。

“道德”说起来是一个让人难以亲近的概念，僵硬而刻板，但在现实生活中我们又不可避免地和道德发生着各种各样的关系。工作要讲职业道德，公共场合要讲公共道德，商业生活有商业道德。总之，各式各样的道德规范着我们的日常生活。人与人的语言交流——表达也有自己的道德原则。

首先，与人交谈要诚恳，信实，不虚美。

唐代的古文运动，主张要根除前朝文风中的浮华矫饰，提倡作文要言之有物，有真情实感。这虽然是千年以前的老夫子讲怎么写作，但作为今天对于讲话的要求仍是适合的。

西方人有句格言：“诚实是最好的策略。”诚实常常比欺骗能给一个人带来更大的好处，尤其从长远和总体利益来看是这样。只有平时说话做事诚实，决不撒谎骗人，这个人才可能得到别人的尊重，在社会中获得立足之地。

说话诚实不仅是说讲话的内容要真实，要不撒谎骗人，而且语气也要诚恳，这样才能够打动别人，收到事半功倍的效果，是所谓“以诚动人”。

其次，与人交谈要记得言多必失，应当审慎。

有个笑话就能说明这个道理。警察在一条新开辟的隧道里迎来了第 1000 辆通过的汽车，代表市政当局赠送给驾驶人 1000 元的幸运奖金和一枚纪念章，顺便问道：“你拿了钱打算怎么使用？”“首先，我要领取一份驾驶执照。”驾车人回答。他太太忙解释说：“警官，我丈夫喝了酒，总是胡言乱语。”他那耳聋的妈妈补充说：“你看，我早知道，你偷了汽车，逃不了多远的！”故事虽然极端了些，道理却是颠扑不破的。

再次，要言行合一重承诺。

这是我们国家的优良传统，只有言行合一才会取得别人的信任。

最后，合情合理能服人。

讲话注重逻辑，把话说清楚，才能获得别人的理解。

一个口才出众的人说出的话也一定是严谨周密的，符合思维逻辑，叫人听不出错误和漏洞。把话说得滴水不漏，是交际和表达的一大基本功。

日本学者多湖辉在《论表现》中提示了增强说服力的 5 个技巧，有助于我们更为缜密严谨地表达观点，说服他人。

1. 使用肯定语气表达无把握之事

或许你不止一次地把口袋里的钱送到街头占卜师的口袋里，一脸满足的诚意。这些金墨铁嘴之类的先生常常用各种模棱两可的言辞来解释人们的命运，但他们在每段的尾句都表达极肯定的意思。他们永远都不会说“你也许会这样”，因为这样只会使他们的钞票一天天减少。他们总是断言“一定会这样”。正是利用了这种肯定形式尾句的心理暗示效果，才使得他们财源广进。

这种暗示效果也是催眠术中常用的诱导技巧。催眠时，用肯定的尾句向接受催眠者讲话，如“手抬起来”“一定要把手抬上来”“手触头，不能拿开”等。如对方像个听话的孩子按你的明确指令进行，效果将不会令人失望。催眠师若说类似“你愿意，把手抬上来吗”这种暧昧语言，将与失败结下不解之缘。

在松下电器公司飞速发展时期，总经理松下幸之助曾定出一个令人咂舌的营业额，一些人认为这种做法缺乏深思熟虑，而结果却是如期完成。其中的奥妙在于他讲话的方法，他常常强调“营业额一定要增长 ×× %”。在筹借资金时，他也以强硬的态度充满自信地说道：“一定要给松下公司投资 ×××× 美元。”这些坚定自信的语句赢得了斤斤计较的银行家们的好感，而使松下公司大获成功。

2. 强调自己的见解

许多人在演讲时常常运用过多的名人名言，或是引用大量报纸杂志上的材料，企图增强自己的说服力，但给人的感觉是陈词滥调，有损听觉。而运用“我是这样看的”“我认为”等语句发表一些独到见解，会让人耳目一新，使人们不得不承认他是一个有头脑的人。

3.“三”是个能增强说服力的数字

“三”这个数字有着奇特的心理感应，因为它有说服力！说服中用“一”显得过于仓促，用“二”又不够显示自己还有容忍之心，只有数字“三”才使人感到稳妥。说服中尽量使用“三”这个数字，诸如“关于那个问题，可以有三种解释”“问题有三个”等，人们对这些语言的评价是：思路清晰，容易理解，易于接受。

4.使用带尾数的数据能提高你的可信度

如果是合乎情理的话，在演说中经常引用一些你记住的带尾数的数据，会使对方觉得你精于某专业而产生强烈的信赖感。

这种“尾数效应”往往能发挥意想不到的作用。某市银行的总经理在任分行经理时，曾经历过这样一件事：属下前来商量融通资金的问题，说是某制药公司老板希望借款 91 万元。这位分行经理对制药公司老板不借 100 万元的整数感到不解。制药公司老板回答说：“91 万元正好够用，不需要多借。”听了老板的说明，分行经理觉得他把尾数都核算出来的经营态度值得信任，当即批准了借款申请。

5.不要用连珠炮似的语势

情绪激动的演讲者常常把打动人心的希望寄托在连珠炮似的语势上，他们如一串点燃的鞭炮疯狂地响个不停，这种热烈的场面或许会激动人心，但他们所说的内容不会给听众留下什么深刻的印象。

相反，放弃这种徒劳无功的演说方式，采用一种平易近人的语势来说相对较少但精彩动人的话，往往会被看作“有智慧”“亲切”而备受欢迎。发表自己的见解时，嘴巴只是发出声音的机器而已，有时并不需要冗长的述说。如果一味追求说话的速度，演说就会成为“扬声器评比会”。

一般来说，流畅而平静的语言更能打动人心。

Chapter 8

第八章

轻松出口，让人喜欢你

聊一聊对方关心和得意的事情

林伦蓄须已经有很长时间了，这一天，他忽然心血来潮，准备把胡子剃掉，可是又有点犹豫："这样突然改变形象，朋友和同事会怎么想，他们会不会笑话我呢？"

林伦想了好几天，最终还是下决心把胡子剃掉。

第二天上班，林伦心中有些忐忑，虽然他有心理准备来应付最糟的状况。然而结果出乎意料——没有人对他的改变发表任何见解。只见大家都匆匆忙忙来到办公室，然后开始紧张地忙碌着各自的事情。

对于这种情况，林伦感到很奇怪。直到中午休息的时候，依然没有人对他剃须发表看法。

终于林伦忍不住了，他先问了一个同事："你觉得我这副样子怎么样？"

对方听了，愣了一下，说："什么样子？"

"难道你没注意到我今天有点不一样吗？"

这个同事开始从头到脚仔细打量了他一番，点了点头，说："嗯，感觉是有些不同，好像你比以前更加精神了一点。"

后来，林伦常常讲起这个经历，他说："你不知道我心中有多么失落，一直以来我都以为别人会注意到我，现在想想，真是幼稚。"

其实，林伦的想法一点也不幼稚。每个人都会觉得自己很重要，都渴望得到他人关注的目光，所以我们想要表现自己，获得他人的关注和欣赏。

无论你是出于什么样的目的和对方交谈，如果能在一开始说话时就让对方心生好感，你在他的心里就已经留下了一个好印象，他就会接纳和喜欢你，那么以后的交谈也一定愉快而且顺利。

原来的单位精简人员，梁先生因此失业了许久。经过几个月的努力，梁先生终于得到了一家大公司的面试机会。这次面试对于梁先生十分重要，因此他丝毫不敢懈怠。为了更好地参加面试，他在面试前做了非常充分的准备。在面试的前一天，梁先生还先到那家公司去看了看。

开始他只是想去看看现场，以免到时候因为难以适应环境而紧张，同时也可以看看那家公司的办公楼到底是什么样子。而梁先生到了那家公司后，他又多了个心思，那就是顺便打听一点情况。梁先生看到办公楼的门厅处摆放了几艘制作得非常精致的轮船模型。

梁先生正在寻思之时，一名大楼管理员注意到了他，并且问他是否需要帮忙。梁先生告诉他自己第二天要来这里面试，所以先来了解一下这家公司。那名管理员非常热情，给他介绍了公司的一些事情。梁先生非常高兴，最后奇怪地指着那些轮船模型，问："为什么这里要放上这些轮船模型？"管理员笑着说："公司的老板是个船模收藏迷，对轮船很喜爱。"梁先生听后，若有所思。

当天下午回到家里，梁先生就去附近的图书馆，查看了有关旧轮船的资料。第二天，梁先生去那家公司面试，进了办公室，发现里面也有很多轮船模型。梁先生与面试官见面时，突然指着其中的一艘轮船模型说："嘿！那艘帆船不就是哈得逊号吗？"

面试官感到意外，笑着说："先生，你也对船模有研究？"梁先生也微笑着说："我对船比较感兴趣，谈不上研究，有一点了解而已。"接着，他说了自己所知道的船。面试官顿时对梁先生产生了好感，最终梁先生得到了这份工作。

与任何人交谈，都可以多谈谈对方关心和得意的事，这样很容易就可以赢得对方的好感和认同。

有人喜欢绘画，有人喜欢音乐，还有人喜欢下棋、养鸟、集邮、书法、写作等，人人都喜欢从事和谈论自己最感兴趣的事。从这方面入手，打开他的话匣子，再对他进行说服，便较容易达到说服的目的。

多聊对方关心和得意的事，也是深通人心的做法，但有不少人不懂其中的道理，常常从自身的爱好出发，说自己喜欢的话题，聊自己得意的事，结果对方觉得不感兴趣，甚至不耐烦。

每个人都喜欢说自己得意的事，对于希望在人际交往当中获得成功的人而言，这无疑是一个心理弱点，但对于交往对象而言，这又是一个心理突破口。至于你如何把握这一点，直接关系到人际交往的成败。

说服别人，并不要求你有多么好的口才，若你了解人的心理，善于聊一些对方得意之事，那么说服对方并不困难。聊对方的得意之事，巧妙地赞扬对方的成就，会使对方的自尊心得到极大的满足，对方甚至会觉得你是他的知己，如此一来，还有什么事情办不好呢？

做一个受欢迎的“废话匣子”

孟小姐刚工作没多久，便得知后勤部主管陈姐是公司里人缘最好的人。于是孟小姐就特别注意她。陈姐的外貌并不出众，然而很奇怪，每天中午在员工餐厅吃饭时，总有人端着餐盘往她身边凑，无论男女都乐意跟她一起共进午餐。

孟小姐觉得很奇怪，就问同事：“为什么大家都喜欢陈姐？”那同事想了想说：“嗯，是啊，为什么呢？我也不是很清楚，可能是因为陈姐是个‘废话匣子’吧。咳，管她呢，反正陈姐这人很好啦。”

孟小姐听了就糊涂了，这是什么理由？因为废话，所以喜欢她？

孟小姐的好奇心强，为了揭开这个谜底，她也主动成了陈姐的“粉丝”。慢慢地跟陈姐熟悉了之后，她发现陈姐的“废话”还真能“服人”。

有天早上，孟小姐早到了，就在中庭的绿化带散步，远远地就看见陈姐冲她招手：“小美女，一大早就在这儿吐纳，你可真会保养！”

孟小姐客气地跟她说自己了解一点点中医，陈姐马上从中医说到韩医，又说起了中医与韩医的区别……时间就在她的废话中一眨眼过去了。

孟小姐说得少听得多，但是心里的确放松了很多。听着陈姐说的那些废话，似乎颇有点宁神静气的效果。于是，孟小姐跟陈姐成了好朋友，而且她越来越愿意听陈姐絮絮叨叨地说个不停。

有一次，她们一起吃饭，孟小姐才知道这个性格外向的陈姐竟然是爱尔兰某国立大学的毕业生。但是陈姐笑称，在爱尔兰留学那几年，最大的收获不是学位，而是学会了做个“废话小姐”。在爱尔兰，等巴士的时候，若不跟身边的人说上几句废话，那是很失礼的行为；在戏院排队买票，若不跟身边一起排队的人扯上几句，也很不礼貌……

回国后，陈姐找工作非常顺利。面试的时候，别人都是正襟危坐地介绍自己的学历、能力、近期规划、远期规划之类的。她却不是这样，还没有坐下来，就开始说废话了：“我觉得贵公司洗手间里的洗手液水掺多了。当然公用洗手液掺水是符合节省开支理念的做法，但是据我了解，3 ：7 的比例是最合适的，水的比例再高，就会造成一次挤压出来的洗手液达不到清洁效果而必须二次挤压，这样一来，反而造成浪费……”

陈姐应聘的职位是行政助理，而这一通废话，却让老总对她刮目相看，因此把她留下来担任后勤部执行主管。

对于废话，人们的印象似乎不太好，但是看完陈姐的故事，你的观点是否改变了呢？其实废话并不是我们想象中那般无用，虽然废话的意思并不明确，可废话在人际交往中却不可或缺。它既可以沟通思想，拉近彼此的距离，又可以促进感情交流，摸清对方的喜好、性格特征和对自己观点的支持与认同感。所以，人们在交流过程中，其实往往是靠废话来联系的。

有句堪称经典的废话——今天天气真好！包括国家元首在内的问候，都会说这句经典的废话。每个人活在这个世界上，都知道今天天气好不好，可是，为什么非要说这句话呢？其实，说这句话的目的，就是要引申出其他更多的内容。

所以后面就有了这样一番对答："嗯，今天天气真的很好！""想不想去哪里玩？""想过！本来准备去郊游。""可为什么没去呢？""没钱啦！""这个月没发工资啊？""发了，用完了！""那么快就用完啦？你都用到哪儿去了啊？""买衣服、护肤品……"

看，一句废话引出多少正经话。如果没有废话，你的每句话都充满意义，那么你会发现，你的听众会厌烦。废话，真实地讲，就是没有目的的语言，因为没有目的，所以更能让人亲近、让人信任。

陈姐之所以如此受人欢迎，正是因为她废话连篇，说出的话没有目的性，让别人与她交流时没有利益得失，因而感觉很轻松，进而产生一种亲近感、愉悦感，跟她做好友就成了自然而然的愿望。

废话不仅可以让你做个受欢迎的人，还可以达到四两拨千斤的效果，所以，为人处世就要学会说一些废话。通常来说，受人欢迎的废话主要涉及三大方面：天气、美食、美景。

如果对方对吃喝玩乐不感兴趣，那就说说各自的大学、当下的时事热点问题等。有经验的人会仔细倾听，找到对方感兴趣的内容，然后再开始说废话。对方喜欢足球，那就聊足球；对方爱旅游，那就聊旅游；对方爱收藏，那就聊古董。

总而言之，就是要抓住人的心理，充分发挥废话的无用之用。

说废话的基本思路：说完每句话之后，如果对方感兴趣就顺着他的话题走下去，如果不感兴趣就换个话题。说废话一定要把握好度，废话说太多，显得人啰唆、轻浮，千万不要刚一转身就被人骂“嘴真贫”“真无聊”。说废话不是侃大山，而更近于轻松自在的寒暄，因此会给人亲切之感。

站在对方的立场，说出他的心声

立场是说话的出发点，如果站在对方的立场上分析问题，就能给对方一种为他着想的感觉，这种投其所好的技巧常常具有极强的说服力。要做到这一点，“知彼知己”十分重要。唯先知彼，而后方能站在对方立场上考虑问题。

那么，怎样了解对方呢？首先是需要衡量对方的实力与处境，其次是察言观色，最后是揣摩对方的心态。做到了这三点，才能顺利地达到说服的目的。

以导游为例，如果要说服游客，一定要先了解游客们说了什么，怎么说的，必要的时候还可以引导游客说出内心的真实想法。掌握了游客的真实想法就等于掌握了说服游客的主动权，就可以对症下药选择恰当的说服角度和特定的说服方法，从而有效地说服游客。

国庆节期间，有一个旅游团到北京游览，在去长城的路上遇到塞车，一堵就是几个小时。这时，游客们等得不耐烦了，导游知道游客有一肚子的火要发，但是这时候他也没有可能说服游客。

于是导游赶快下车，努力地在车外面前后跑，认真地将查看到的塞车情况向游客们汇报。

遇到其他车的导游时，他就大声抱怨：“真倒霉！我们的时间都给耽搁了。汽车要是能飞起来就好了！早知道这样，真不该安排大家今天去长城！什么，你说上哪儿都堵车？真是的，我的游客们怎么办呢？”

面对忙前忙后、气喘吁吁的导游，面对导游的满腹牢骚，有的游客甚至安慰起导游来。这个时候再来说服游客，或组织游客搞一些打发时间的活动，就会更容易一些。

其实，这位导游的做法就是顺着游客的思路，巧妙地借自己的口说出了游客们的想法。当然游客们会想，既然已经这样了，也没别的办法，只有等待了，只有按照导游的安排搞一些有益的活动了。

要说服对方，最好的办法就是引起对方的共鸣，取得对方的理解。而在此之前，你要做的就是先理解对方。

马先生在他订购的牛奶中发现了一小块玻璃碎片，于是前往牛奶公司投诉。不用说，他的情绪是愤怒的。一路上他已经打好腹稿，并想出了许多尖刻的词语。一到经理办公室，他连自我介绍都省略了，把经理伸出的友谊之手也拨向一旁，把自己的不满情绪一股脑儿地发泄出来：“你们公司简直是要命公司！你们都掉进钱眼儿里去了！为了自己多赚钱、多分奖金，把我们消费者的生死置之度外！”

接待马先生的经理经验丰富，面对这种指责，没有动怒，仍旧诚恳地对他说：“先生，究竟发生了什么事？请您快点告诉我，好吗？”马先生继续激动地说：“你放心，我来这里正是为了告诉你这件事的。”说完，他从提袋中拿出一瓶牛奶，“砰”的一声，重重地往办公桌上一放，说：“你自己看看，你们做了什么样的好事！”

经理拿起奶瓶仔细一看，什么都明白了。他变得严肃起来，有些激动，说：“这是怎么搞的？人吃下这东西是要命的！特别是老人和孩子若吃到肚子里去，后果不堪设想！”

说到这里，经理一把拉住马先生的手，急切地问：“请您赶快告诉我，家中是否有人误吞了玻璃片，或被它刺伤口腔。咱们现在马上要送他们去医院治疗。”说着，拿起电话准备叫车。

这时候，马先生心中的怒火已消了一大半，他告诉经理并没有人受伤。经理这才放下心来，掏出手帕，擦擦额头上渗出的汗珠，说：“哎呀！真是谢天谢地。”

接着经理又对马先生说：“我代表全公司向您表示感谢！因为您为我们指出了工作中的一个重大失误，帮助我们消除隐患。我要将此事立刻向全公司通报，采取措施，今后务必杜绝此类事情发生。还有，您的这瓶牛奶，我们要照价赔偿。”

经理的这番话，一下子把气氛给缓和了。马先生接过赔偿的时候气全消了，说：“经理，你是个好人。”接着他便开始向经理建议，该采取什么样的措施才能避免此类事故再次发生。结果越谈越融洽，原来双方都是站在同一个立场上。

这位经理处理这起顾客投诉，有几点做得很好：第一，当顾客发火时，他很冷静；第二，用询问的方法鼓励顾客把真正的原因讲出来；第三，当顾客讲清原因后，站在顾客的立场上考虑问题，当即采取措施；第四，对顾客前来投诉表示诚挚的感谢，并就做好工作的问题继续听取顾客的建议。

面对别人的责难，先不要试图争辩和反驳，最好冷静下来，把事情的经过和原委都弄清楚。如果有必要的话，你应该向对方表一个态，告诉对方："我是站在你这边的！"在说服别人的时候，你的立场很重要。若是你不能为对方考虑，那么想要达到说服的目的是很困难的。

用你的热情赢得他人的认可

有一个推销新式柴灶的推销员，他不但详细地向农民解释使用新灶的好处，而且说干就干，脱掉外衣，拿出工具，挥汗如雨地给农民改灶。

本来还犹犹豫豫的农民深受感动，不仅当即就用新灶煮饭请推销员尝个鲜，还主动帮助这位推销员向左邻右舍介绍新式炉灶的优越性。

没有热情，是很难完成说服工作的。记住，在说服他人的过程中，我们要用感情来打动他们。当感动充溢于他们胸中的时候，他们会真正地打开心门，进而改变自己的态度。这样，我们说服的目的就达到了。

在一个镇上有两家卖豆腐的：老王家和老李家。两家豆腐的质量都差不多，分量也都很足，但奇怪的是，两个人生意的红火程度却大不相同，老王的生意明显要比老李的好得多。为什么同样的豆腐，同样的分量，生意上会有这么大的差别呢？

原来，同样是卖豆腐，老王在给顾客称豆腐的时候总会顺便多说一句话。比如是张大娘来买豆腐，他会热情地问候：“大娘，最近身体还好吧？”如果是家中有孩子的人过来买豆腐，他就会问：“孩子还听话吧，最近学习怎么样呀？”

刚开始的时候，大家对这种热情的问候并不是多么在意，但是时间久了，大家开始把老王当成朋友，不由自主地照顾起了他的生意。

热情能使说服获得成功。因为人都是有情感的，当我们“热”起来的时候，也会感染对方，使对方的情绪也“热”起来。

热情的人无疑是世界上最有效率的说服者。当你坚定地相信并热爱自己确信的事物时，你所有的精神动力会产生超乎想象的力量。当人们接近热情的人时，他们知道这个人不同寻常，并会报以令人兴奋的回应。

如果你开始对别人感兴趣，那么你在两个月内找到的朋友会比你花两年的时间找到的多得多。

那么，在说服的过程中，具体怎么表达你的热情呢？对待我们周围的人，不妨设法了解并且记住他们的名字。某一天在路上相遇的时候，热情地叫出对方的名字，打一声招呼，这样或许就会产生意想不到的效果。

或许在某个时段，热情起到的作用并不是多么明显，看不见也摸不着，但是它那相当大的感染力，会在后来慢慢展露出来。

充满热情的人，说出来的必定是令人振奋的话语。和这样的人谈话，会在不知不觉间被同化，你也会变得热情起来。反之，一个没有热情的人，会让沉闷的情绪充斥在周围的空气里，当这样的人说话时，哪怕是苦口婆心的话，我们也不太愿意听。

要是你没有能力，却有热情，你还是可以使有才能的人聚集到你身边来。假如你没有资金或设备，但你有热情说服别人，仍然会有人回应你的梦想。

需要特别提醒你，想让人感受到你的热情，在与人说话的时候一定要投入。有不少人虽然表面上会和别人打招呼，但是总给人一种隔阂感。这样的话，别人很难接受你。在说服别人的时候，自然也就有问题了。

对了，释放你的热情，不要忘掉微笑。真诚的微笑是热情的催化剂。

吕先生是一个表情严肃的人，即使在家里也很少笑，这让人觉得他的生活很沉重，或者说很苦闷。后来他在一次培训中，被要求以微笑的经验发表一段演讲。这次尝试改变了他，此后他开始学习微笑。他对电梯管理员微笑着说“早安”，对门口的警卫微笑着打招呼，对那些以前从没见过他微笑的人微笑。

很快，吕先生发现每一个人也对他报以微笑。他微笑着面对那些满腹牢骚的人。他一边听他们发牢骚，一边微笑着，问题很快就被解决了。他惊讶地发现，自己因此得到了更多的收入。

回家后，和妻子交谈，和孩子说话，吕先生始终保持着柔和的微笑，沉闷的家突然被一种温馨的气氛笼罩。对于这一切的改变，吕先生觉得不可思议，但它确实发生了。

心理学研究表明，微笑与人的形象有着奇妙的关系。虽然微笑是一种面部表情，却反映了人的精神状态和生活态度。在现实生活中，微笑还是人际交往的润滑剂，能帮助人们驱散心头的烦恼，消除人与人之间的隔阂，让你的话语更具有感染力。

微笑与热情是相伴而生的，即便你的内心如地壳中的岩浆一般沸腾，可若是脸上没有微笑，就会让人有隔阂感。灿烂的笑容会让人更加真切地感受你的热情。

对别人多一分关心，多一分热情，将会极大地提升你的社交质量。尽管有的人会排斥热情之人，说：“无事献殷勤，非奸即盗。”但大多数人是喜欢与热情之人打交道的。无论如何，热情一点总是好的。每天早上起来，见到别人问一声好；每天晚上睡觉前，跟你的家人说“晚安”。这些简单的细节，将改变你在他人眼中的形象，让你更具魅力。

把话说清楚，让人不迷糊

聂先生是一名演讲家，有一次，他同时接到两家研习机构的演讲邀请函。一时之间，他无法决定接受哪家的邀请。不过，听完了两位邀请者在电话里的说辞后，他很快就做出了选择。

第一位邀请者在电话中是这样说的："请先生不吝赐教，为本公司传授说话的技巧给中小企业管理者。由于我不太清楚您所演讲的内容为何，就请您自行斟酌吧。听众大概不超过 100 人。拜托了！"

而第二位邀请者的说辞是这样的："恳请先生不吝赐教，传授一些增强中小企业管理者说话技巧的诀窍。参加的对象都是拥有大约 50 名员工的企业管理者，预定听讲人员为 70 人。

"此次恳请先生前往演讲的主要目的，是希望让所有研习者明白，不能清楚表达自己想法的人，无法成为优秀的管理人才。希望演说时间能控制在两个小时左右，内容锁定在三个方面：第一，学习说话技巧的必要性；第二，掌握说话技巧的好处；第三，说话技巧的学习方法。希望您能带给大家一次别开生面的演讲。万事拜托了！"

很显然，第二位邀请者的说话方式要比第一位好一些，因为能带给受邀者好感。而事实上聂先生也是这么认为的。

聂先生认为，第一位邀请者说话时平淡无力，缺乏热忱。给人的感觉，便是一副为工作而工作的态度，让人感受不到丝毫的热情，也给他留下了相当不好的印象。此外，对方既没明确地提示聂先生应该做什么，要做到什么程度，也没有交代清楚听讲人数，这让聂先生如何决定演讲内容呢?

而第二位邀请者的说话方式则完全不同。聂先生可以清楚地感受到这个邀请者办事明快干练、信心十足，并且将他的热情毫无保留地传达给了自己。更重要的是，对方在他还没有提出问题的情况下，就解答了所有的疑问。

听完第二位邀请者的话，聂先生的脑海里立刻就浮现出自己置身于讲台上的情景，并且很快就能够想象出参加者的表情，以及自己该讲述的内容等。

从案例中就可以看出来，第一位邀请者说服失败的最主要原因，就是不能清楚地表达自己的意思。而第二位邀请者则清晰地表达了自己的目的，因此得到了聂先生的赞赏和认可。

由此可见，具体说明你所想表达的内容，让被说服者更加清楚地理解你的意思，这些对于说服工作的重要性。那么，我们究竟应该怎样说服对方呢?

第一，使用确定性词语，少用模糊的描述。当你打算说服一个人的时候，尽量不要使用模糊的说辞，像“大概”“可能”“也许”之类的词语，那样会让你的说服力下降。

你应该试着清楚地描述事情的原委，表达自己的目的。像“如此一来不就大有改善了吗”之类的话，能够更进一步深入话题，好让对方能够充分理解，可以经常使用。

第二，使用生动性描述，少用专业术语。为了让你的描述更加生动，少不了要引用一些比喻、实例来加深被说服者的印象。适当引用比喻和实例能使人产生具体的印象，能让抽象晦涩的道理变得简单易懂，甚至使你的主题变成更明确或为人所熟知的事物。

如此一来，就能够顺利地让你的观点在对方脑海里产生鲜明的印象，也就更容易说服对方。

第三，告诉对方能得到什么利益。与其讲“赶快将这件事做完”，不如说“如果你能够尽快把这件事做完，那就会有充足的时间来做下一件事”。现在虽然辛苦一些，但是做下一件事时则会有充分的时间，对当事人来说，这无疑是一种很大的诱惑。

乘坐公共汽车的人都有这样的经验，当公共汽车上已经客满时，许多人仍然站在门口不想往里挤，司机扯着嗓子叫喊：“麻烦各位往里挤一挤。”乘客却照样无动于衷。如果司机大声嚷嚷：“里面还有空”，那么许多乘客就会往里挤。

“倘若按照我说的去做，该产品绝对省时省钱，美观大方，又有销路……”这样的话，将不断刺激说服对象的欲望，直到他跃跃欲试为止。

因此，在说服前，你必须能够准确地揣摩出对方的心理：他在想什么？他惯用的行为模式是什么？现在他想要做什么？针对对方的喜好，说明具体的好处，将会让对方对你的建议感兴趣。

第四，告诉对方该如何行动。光有理论分析是不行的，方法非常重要，如果没有具体的操作方法，你的说服力将会大打折扣。因此，你要让对方明了他应该做什么，做到何种程度最好。到了这一步，对方往往就会很痛快地按照你的指示去做。

总的来说，清楚的表达能力是成功说服中不可或缺的要素，对方是否能够轻轻松松地倾听你的想法与计划，取决于你如何巧妙地运用语言技巧。

另外，除了上述几点之外，说话速度的快慢、声音的大小、语调的高低、停顿的长短、口齿的清晰度等都不能忽视，还有适当的表情、肢体语言等辅助手段，都将影响表达的清晰度。

不可否认，高深莫测的谈话，也许能够唬住一些人，从而达到说服的目的，但是这样做也容易引起人们的疑虑。事实上，清晰的表达对于说服会更加有利。清楚的表达，可以让人更快明白你的意思，而具体的好处、做法和目的，将消除被说服者心中的疑虑，这将有利于你的说服。

适时刺激一下，对方就听你的

当你就算有一千条一万条理由，你的女朋友也不愿意听你解释的时候，有个办法或许能够帮助你——指出对方的弱点，把责任推卸给她。你可以这样说：“反正我说再多的理由也没有用，你这个人太傻、太固执，又向来轻信谣言，还是不说了。”

这样一来，对方反而会不服气，说：“好啊，那你说说，我怎么固执，怎么傻？怎么就轻信谣言了呢？”你的话刺激到她了，所以原本不想听你解释的人，变得特别想与你理论一番。

有的人个性固执，不易接受别人的劝告，如果你总是正面说服劝阻他，他反而劲头十足，越来越固执，丝毫不见效果。对付这种人，不妨换一种说法刺激他一下：“像你这样顽固的人，我说什么你也不会听，说多了白费口舌。”或者说：“像你这样执迷不悟的人，没救了，我完全无话可说。”

将责任推到他身上，说对方“顽固”“执迷不悟”“没救了”，很容易刺激到他。本来这样的人逆反心理就特别强，这么一刺激，对方反而要听听你的说法。

当你告诉别人某件事不能做的时候，对方可能会很想试一试；当别人说你做某事不行的时候，你反而可能爆发出激情。

例如，当上小学的孩子不愿意做某事时，只要加上一句“这孩子不是不做，可能是没有能力做吧”，很奇怪，孩子本来不愿做的事，这时会主动去做。也就是说，不说孩子不愿意做，而是故意强调孩子能力不足，这样恰恰激起了孩子战胜不满情绪的自尊心。

这就是激将法。激将法是对“自我服务偏差”和“他人评价顾忌”的综合运用。大多数人在“自我服务偏差”的作用下，认为自己高于平均水平。内心骄傲、有过超常表现的人更是如此。这样的人对他人的评价非常在意，唯恐被别人轻视小看。

一般来说，傲气十足的人都喜欢正面的恭维。因为他对面子看得很重，同时，这类人也非常讲究分寸，正面恭维可以让他飘飘然。如果你对他能够当面美言几句，他很快就会顺从你的意图。

但是傲气的人也有顽固的时候，如果这样的人不愿意接受你的要求，就可以选择使用激将法刺激他的自尊心。

某橡胶厂进口了一整套价值200万元的现代化胶鞋生产设备，由于原料与技术力量跟不上，搁置了4年无法使用。后来，新任厂长决定将这套生产设备转卖给另一家橡胶厂。

正式谈判之前，甲方了解到乙方两个重要情况：第一，该厂经济实力雄厚，但基本上都投入了再生产，要马上腾挪200万元添置设备，困难很大；第二，该厂厂长年轻好胜，几乎在任何情况下都不甘示弱，甚至经常以拿破仑自比。了解到这些情况后，甲方厂长决定亲自与乙方厂长进行谈判。

甲方厂长：“昨天在贵厂转了一整天，详细了解了贵厂的生产情况。你们的管理水平确实令人信服。你年轻有为、能力非凡，让我很钦佩。”

乙方厂长：“哪里，哪里，老兄过奖了！我年轻无知，还希望得到老兄的指教！”

甲方厂长：“我向来不奉承人，实事求是嘛！贵厂今天办得好，我就说好；明天办得不好，我就会说不好。”

乙方厂长：“老兄，我厂的设备如何？听说您打算将贵厂进口的那套现代化胶鞋生产设备转卖给我们？”

甲方厂长：“贵厂现有生产设备，放在国内看是可以的，至少三五年之内不会有什么大问题。关于转卖设备之事，尚有两个问题：第一，不知贵厂是否有经济实力购买这样的设备；第二，即使有能力购买，贵厂也未必有能力招到懂得操作这套设备的技术人才。”

乙方厂长听到这些话，顿时觉得被甲方厂长轻视了，十分不悦。于是，他大声地向甲方厂长介绍了自己厂的经济实力和技术力量，表明自己厂有能力购进并操作管理这套价值 200 万元的设备。经过一番周旋，甲方成功地将闲置了 4 年的设备转卖给了乙方。

在利用激将法来说服别人的时候，可以利用对方的“地位意识”。例如，说服自己的上司时，就要刺激他的“地位优越感”。如果你说“我可能没有能力做这项工作”来强调自己的能力不足，以及掌握情况不够等，就会刺激对方的“地位优越感”，他会说：“是的，你可能不行，还是我来做吧！”从而轻易地接受你的说服。

没有哪种方法是万能的灵丹，激将法也是有局限性的。激将法实质就是利用故意表现出来的“看不起”的态度来激发个体的斗志，促使他倾尽全力取得“让人看得起”的业绩。用“看不起”来刺激人，往往会让人将这种故意的“看不起”视为真正的“看不起”，从而在心中留下很深的芥蒂。因此，在使用激将法说服他人的时候，一定要注意分寸，不要乱用。

不看你说什么，就看你怎么说

许多人排队等着使用打印机，这时候，一个人走到队伍的前面，对大家说：“很抱歉，各位能让我先打印吗？我赶时间。”这时候，大概有许多人都会很不满。而如果这个人说：“很抱歉，能让我先来吗？因为我需要打印好几份文件，这些文件急着要用。”这个时候，同意让这个人先打印的人会立刻多很多。

说法不同，导致不同的结果。话说得好，说得恰当得体，自然皆大欢喜。而话说得不好听，那就没人买账。这是最正常不过的事情。当你的话说得不好听，最终导致无法说服别人时，不要说什么“话糙理不糙”，与其埋怨，不如多花点心思修饰一下自己的表达。

古时候有一对父子冬天在集市上卖夜壶。父亲在南街卖，儿子在北街卖。没过多长时间，儿子的摊前围满了看货的人，其中一个人看了一会儿，便说：“这夜壶大了些。”儿子听后，脸上流露出鄙夷和不满的神态，他接过话说道：“大了好哇！装的尿多！”人们听后，觉得他讲话十分不中听，便纷纷离去了。

在南街卖夜壶的父亲也碰到了同样的问题。一个老头喃喃自语：“这夜壶大了些。”他态度温和地对老头说：“夜壶是大了些，可您仔细考虑一下，冬天夜长啊！”一些顾客听后，都觉得他说得有理，痛快地付钱买了夜壶。

父子俩同在一个集市上卖同一种商品，结果儿子的商品一件没售出，父亲却卖了许多。为什么呢？因为儿子不注意说话方式，语言粗俗，使人不悦。而父亲是个高明的商人。

这位父亲是一位高明的说服者，他先说赞同顾客的话，“是大了些”，以认同的态度拉近了与顾客间的距离，然后，又以委婉的言辞“冬天夜长啊”相劝，这看似离题的话却颇有韵味，其言外之意是：“冬天天冷夜长，夜解次数多且怕冷不愿意下床是自然的，大夜壶正好派上用场。”这种设身处地的善意提醒，顾客不难明白。卖者说得在理，顾客乐意购买就是很自然的了。

儿子一句话砸了生意，父亲一句话盘活了生意，这不正说明说话方式的重要性吗？可见，说话要讲究言辞得体、态度自然，表现出你的善意，如此才能够引起他人的注意，受到他人的欢迎。相反，若话说得难听，必然不会有好结果。

比如菜场售货员看到顾客剥开大白菜的菜叶，就大声地叫喊：“不准剥菜叶！”顾客辩解：“谁剥了？谁剥了？你哪只眼睛看见是我剥了？”因此，常常会引发争吵。如果售货员能够换一种说法：“您好，小心了，这菜嫩，别碰落了菜叶。那样的话，就不保鲜了。”把“剥”换成“碰落”，这意思就不一样了，变有意为无意，就流露出对顾客的宽容和理解。

有个人出差，在飞机上就餐的时候，空姐推着食品车询问乘客：“‘要饭’还是要面？”这让人听了很不舒服。怎么说“要饭”？自己又不是乞丐。这个人想着，就对空姐说：“小姐，如果你能够把‘要饭’改成‘吃饭’，会更好一些。”空姐听了乘客的话，沉思一会儿，连忙点头说：“先生，您说得对，谢谢您的提醒。”自此，空姐的询问变成了吃饭还是吃面。

有的酒店服务人员经常与顾客发生争吵，其中最大的原因就是用语不当。比如，有的服务人员在顾客结账的时候，会生硬地说：“你等一等，让服务人员看看房间里有没有缺少东西。”顾客听了这话，心情肯定不会太好，所谓“宾至如归”的感觉也没有了。

查房原本就是正常的程序，其目的非常明确，但是就这样对顾客说出来，好说不好听，等于把顾客全当作贼了。那么应该怎么说呢？“先生，请您稍等，我帮您看一下有没有落下的物品。”这样的表达，不仅能让人接受，而且体现了为顾客着想的服务水准。

总而言之，表达不同，收到的效果就不一样。很多时候，不看你说什么，就看你怎么说。

把话说得客气点，别人听着也就舒服一点。相反，若你说话不客气，则很容易引发纷争，不仅无法得到他人的认同，还会带来很多麻烦，影响你的办事效率。因此，在说话之前，最好站在别人的立场上，多动一番脑筋。

唠唠家常，说服会更容易些

有个年轻的业务员，平时很喜欢阅读，尤其喜欢中国古代诗词。工作之余，他最大的爱好就是待在家里，看看古典诗词。时间久了，他积累了很多这方面的知识，与人说话时总会引经据典，时不时蹦出来几句。

有一次，他去拜访一名客户，那是一位头发斑白的老人。据说，这位老者在经商之前，曾是一所知名大学的中文系教授，是一位非常冷静和理智的人。在这位年轻业务员来到之前，已经有不少同行前来和这位老人洽谈业务，希望能有所收获，但是面对老人的咄咄逼人，都铩羽而归。

年轻业务员了解了这些情况，不由心生忐忑，他认为自己很有可能也会在对方的咄咄逼人之下败下阵来。

事实上，在他刚接触老者的时候，对方的表现也十分冷淡。他做这一行已经有好几年了，早已练就了过硬的心理素质，因此虽然对方表现冷淡，但他还是不愿意放弃，而是极尽口舌之能，尽量拣好听的话说，试图让对方改变态度。可是无论他如何说，老者还是没有一点合作的意向。

人的耐心终归是有限的，年轻的业务员察言观色，发现对方确实没有合作的意思，他的心情也就黯淡下来，有了放弃的念头。人就是这样，心里面有很大期望的时候，往往会束手束脚，无法放开，而一旦没有了期望，反而可以真正放开。在走之前，他不再期望能够和对方达成合作，就轻轻松松地和对方交流起来。

就在这个时候，他的古文功底得以表现出来。他与对方说话，时不时使用几句贴切的古典诗词，使他的语言更有魅力。他的改变使老人微微一愣，不由得多打量了他几眼，不过却没有多说什么。

从老人那里离开后，年轻的业务员认为自己肯定无法抓住这个客户了。可是让他没有想到的是，几天后，他却意外地接到了对方打来的电话。在详细了解情况之后，老人愉快地和他签了合同。

再后来，他和那位老人成了朋友。聊起这件事，老人告诉他："本来，我是不准备和你签合同的，我觉得你们业务员做事和说话的目的性都太强，讲话务虚的多，务实的少，经常会误导别人。但是后来你不打算卖产品给我，放松下来和我聊天的时候，我才知道你对古典诗词很了解，很显然在这方面是花了功夫的。这样的人现在可太少了。我觉得，愿意读书，尤其是愿意诵读古典书籍的人，人品通常不会太差！与其找别人签合同，还不如找你这样的人签呢！"

所谓"欲速则不达"，心急吃不了热豆腐，说服不能太着急，若你的说服动机太明显，反而落了下风！因此，不要急躁，以免让人心生戒备。那么，怎样做才可以让对方对你敞开心扉呢？

1. 把握说服的节奏，不要太着急。有的人无法顺利地说服他人，是因为不能把握说服的节奏。表现得太着急，行为太激进，很容易把人吓跑，特别是谈恋爱的时候。心急吃不了热豆腐，说服人也是这样。太着急了，进展太快，会让人感觉不适应。

2. 学会掩藏说服动机，不要一开始就表明想要说服的全部内容。为了让对方同意自己的说法，人们常常会过于详细地向对方说明事情的情形。然而，正如前面已经讲过的那样，人有时会因为太了解事情的真相而产生不安心理，所以，有不少时候自己认为尽心尽意地进行了说服，结果却导致了反作用。因此，在说服有不安心理的对方时，不要一开始就将说服内容全部告诉对方，这样反而不利于说服工作的顺利进行。

3. 保持安全距离，避免一开始就表现出强势。从事心理疏导工作的人，在进行心理指导时，特别要注意坐的位置和姿势。第一，让患者和自己保持恰当的距离；第二，采取轻松舒展的坐姿，尽量避免正襟危坐。这些行为可以消除对方的戒备心理。

4. 尽量避免视线相触。一般来说，戒备心比较重的人，不愿意做过多的眼神接触，他怕你通过“心灵之窗”看出他的心事。因此，对方通常会故意避开你的视线，以免被你觉察到他的心理变化。所以在说服对方时，必须注意对方视线、态度的微妙变化。

5. 在发现对方产生戒备心理的时候，不要直接点破。有的人习惯说：“你没有必要这样紧张，不必对我怀有戒心！”这样的话不仅没有任何效果，反而会起反作用。因为对方的深层心理被你识破了，他会再加厚心理的屏障，防止你的再次突破。这时候，你就应该停止说服过程，努力做互相沟通的工作。

追女孩子时，你要是表现得太急切、太有侵略性，那么人家就会对你产生警惕。说服也是这样，如果你一开始就表现得太急躁，或者动机太露骨，对方就会对你产生戒备。如果能够放松下来，自然一点，和对方唠唠家常，把对方的戒备心消除了，说服起来就会更容易一些。

Chapter 9

第九章

一语中心，让人喜欢你

颠三倒四是表达的大忌

说话表达是我们交流感情、传递信息的重要沟通方式。在学校与老师、同学交流，在家中与父母兄弟闲谈，向熟悉的人倾诉心声，向陌生的人介绍自己，遇上麻烦寻求帮助，碰上高兴的事想和朋友分享……这一切都需要说话。那么，我们怎样才能使自己表述清楚，让别人一听就能明白自己所要表达的意思呢？其实抓住中心是表达的关键。

下面是张春同学放学回家后向哥哥说的一段话：

“哥哥，今天我们班里发生了一件令人痛心的事情。明天我们班和二班举行篮球赛，王明不能上场，我们班的实力就会受到影响。我的同桌赵杰是我们班的班长，学习可棒了，每次考试都是全班第一名。他还是我们班篮球队的队长，是组织前半场进攻的主力。运动会上，他又是全校的短跑冠军，百米决赛像飞一样，我怎么也跑不过他。今天第三节体育课时，老师进行百米测试，六个人一组，每组跑两次，选一次最快的成绩作为考试成绩。我和赵杰分在一组，第一次赛跑，赵杰比我快 0.3 秒，第二次他又跑在最前面，可是在最后冲刺时，他摔了一跤，脚扭伤了，肿得老高，结果我跑了第一。本来有把握赢球，现在看来胜负难分，大家都很担心。”

读了这段文字，你能明白张春要告诉他哥哥什么事吗？很明显，他说的话没有中心，本来要说班里一件痛心的事，还没说完，又开始介绍赵杰，中间又穿插进运动会，接下来又回到了篮球赛上。整段话语没有明确的中心，又缺乏条理，让听者一头雾水。

说话要有中心，就是指说话要有目的、有方向，要有意识地说话，先讲什么，再讲什么，应达到能让听者明白清楚理解的目的，要使说话中心突出、条理清楚，所说的每句话都要紧紧围绕所说话语的中心，说话前也要理清所说话的思路和线索，不要颠三倒四、指东说西，无关紧要的枝节都要去掉。

其实，做到说话表达有中心，也并不是什么非常困难的事。记住下面的顺口溜，有助于你将话表达得中心突出、条理清晰。

未曾开口主意定，删枝去叶主干明。按时按序按主次，中心突出条理清。

摒弃漫无边际的谈话陋习

没有中心、漫无边际的交谈是一种不太容易克服的语言习惯。也许大多数人对此都有同感。

那些担任企业行政主管的人几乎都认为，在商业场合中，最让人头痛的就是说话没有条理、没有重心。

不知道有多少人的时光都因此被销蚀一空——浪费在那些信口开河、多余无聊的话题中去了。有一位工程顾问，他的任务是劝说制造商降低生产成本。他发现，有时只用两滴胶水就可以粘好的东西，人们往往要用 5 滴甚至更多的胶水。这种浪费不仅将导致工厂的生产费用增加，而且还需要工人们花费更多的时间把多余的胶水擦掉。

很多人谈话往往漫无边际，一个字就可以说明白的话偏偏要用上一大堆话。特别是那些儿女已经长大成人、空闲时间越来越多的女人，她们说话时不惜在种种细枝末节上花费大量的口舌，投入无数的光阴，而这些话只有理发师或者美甲师才会去听——也许是因为付给他们的报酬就包括这么一项吧。

“振强，”张太太说，“我记得你上次打电话是在礼拜二的中午 11 点，因为就在接你的电话前，胡太太来向我借过面粉。我记得清楚极了，她当时穿了一件粉红色的、缀着蓝色纽扣的衣服，脚上穿着一双平跟咖啡色皮鞋……”

希望这位张太太的言谈不会让你联想到自己。如果你说话的目的是要告诉别人一件事，那就直截了当地说出来，不必扯得太远。

漫无边际的谈话，可能是思路混乱的表现，也可能是想委婉曲折地达到目的。不过，对更多人来说，那只不过是一种坏习惯，纠正这种习惯其实比一个烟鬼戒掉多年的烟瘾要容易得多。

如果你发现自己就有信口开河的习惯，不妨想象你是在花高价打国际长途电话。试一试这种方法，或许会有神奇的效果。

明确因何沟通、因何表达

每一种谈话，无论怎样琐碎，总要保持中心点，这也是所谓谈话目的，其目的就是能够促进你和对方的关系。

一次成功的表达要有双方的互动才能实现，并取得良好的效果。如果只顾自己喋喋不休，而不顾别人是否爱听，自然惹人讨厌；而漫无边际地说话，或者毫无目的地找人说一些无关痛痒的话，也不会受人欢迎。除了一些随意的聊天外，一般与人说话或者找人倾诉，都是有目标的，也就是带着某种目的来沟通。

比如，夫妻之间吵架，想要达到和解的目的，有必要沟通；销售人员要将东西卖给顾客，要达到这个目的，就要千方百计地寻找与顾客沟通的方法；老师要达到教导学生的目的，而言传身教，谆谆教诲，就要与学生做好沟通工作；领导要传达给下属某个旨意，要与下属沟通；同样，下属要找领导汇报情况，请示工作意见，也会与领导进行沟通。

没有明确的目标，表达也就没有目的，也就称不上真正的表达。

与人交谈是为了享受对话的乐趣，谋求彼此心灵的交流，同时完成交谈的目的。

因此，交谈的重点在于要有一个共同的话题，而不应该像一个杂学博士那样逢人就想说教。在交谈的时候，有些人总是显得不耐烦，使交谈没有活跃的气氛。这种情况多半是因为话题没有得到回应造成的。再者，自己若是对这次交谈不感兴趣，自然也会出现这种情况。

在社交活动中，没有人喜欢在别人面前只谈自己，也没有人愿意奉陪夸夸其谈却无半点意义的说话者，说话只讲自己喜欢的话题而与别人毫无关系，这对倾听者来说也是难以忍受的。只有围绕目的来表达，而对方又能善解人意地帮助自己完成了目的，才是沟通的双赢。

带着目的来沟通

没有明确目标的沟通，就如同没有目的地做事一样，说了什么话、办了什么事，连自己都不清楚，稀里糊涂，对别人的感受也无从知晓。甚至可能会觉得，话也说了，该说的不该说的，对方也听见了，就算是沟通了一次，然而，这种态度对对方来讲并没有起作用，带来的是更多的反感。

反之，带着目的沟通，更能体现沟通的重要性，有利于人际关系的和谐。

著名科学家法拉第进入英国皇家学院工作，介绍人是戴维爵士，他们之间进行了一次有趣的谈话：

戴维："很抱歉，我们的谈话随时可能被打断。不过你还算幸运，此时此刻仪器没有爆炸。法拉第先生，信和笔记本我都看了。你在信中好像没有说明在哪里上的大学。"

法拉第："我没有上过大学，先生。"

戴维："噢？但你做的笔记说明你显然是理解这一切的，那又怎样解释呢？"

法拉第："我尽可能去学习一切知识，我还在自己房间里建立了小实验室。"

戴维："年轻人，我很感动。不过，可能因为没到实验室中干过，所以才愿意到这儿来。科学研究太艰苦，要付出极大的劳动，而只有微薄的报酬。”

法拉第：“但是，只要能做好这件工作，本身就是一种报酬啊！”

戴维：“哈哈！你在看我眼边的伤疤，这是我在实验中引起的一次爆炸留下的。我想，你装订的那些书籍总不曾将你炸痛，让你出血或把你打昏吧？”

法拉第：“是的，不曾有过，但每当我翻开装订的科学书籍，它的目录常常使我目瞪口呆，神魂颠倒。”

这段对话重点突出，详略得当，饶有趣味。戴维爵士所强调的是从事科学研究不是一件轻松的事，需要付出艰苦的劳动，甚至要付出伤残或牺牲的代价，而法拉第所表示的是对知识的强烈渴望，对科学的执着追求。谈话结果，戴维破例让法拉第当了自己的助手。后来，有人要戴维填表列举自己对科学的贡献，他在表的最后写道：“最大的贡献——从一句话中发现了法拉第。”假如当初一个强调学历，另一个贪图金钱，那肯定是另一番情形了。

所以，表达不是信口开河，想说什么就说什么；表达也不是天南地北无所不聊，万事通也要看在什么人面前表现。说话东拉西扯，不着边际，让人不知所云，如坠雾中，听了半天不知要表达什么意思，这样的表达只能是失败的。

真正的表达是有明确目标的，要为了实现某种目的来表达，或解决矛盾，或征求意见，或请求帮助，或答疑解惑，或谈判合作。没有无目的的表达，表达必然要取得某个结果，才算达到了目的。

围绕中心表达

说话如果词不达意，抓不住重点，表达自然也就效果甚微，难以达到说服沟通的目的。说话表达要出效果，就要有中心有条理。

春秋时期，晋国和秦国联合包围了郑国的都城，郑国危在旦夕。烛之武受郑文公的委派，见了秦穆公，说："秦、晋两国联军围攻郑国都城，郑国人已经知道自己死定了。如果灭掉郑国能够对您有好处，您劳师动众还值得。但是，隔着晋国的大片疆土来把远方的郑国作为贵国的边疆，您懂得这是不大好办的。何必灭掉郑国来便宜您的邻邦？邻邦的版图扩张，就是贵国的实力削弱啊！如果能够保留下郑国，作为您东方通道上的接待站，这对您并没有害处。再说，那个晋国，哪里会有满足的时候，等它在东方向郑国开拓了疆土，就会再向西方去搞扩张。如果不去损害贵国，它又向哪里去夺取土地！像这样损害贵国来养肥晋国的做法，您要多多考虑啊！"秦穆公听了打心底同意，就跟郑国订了和约，晋国看到这种情况，就撤兵回国了。

烛之武这一番话，使郑国免了亡国之祸。从这番话里，我们可以得到一个启发：说话要有中心。烛之武撇开郑国的存亡不谈，紧紧围绕灭郑对秦国的利弊来谈，这就突出了问题的关键，使秦穆公透过错综复杂的关系，认识到灭郑只能加强晋国、削弱秦国，从而接受了烛之武的观点。试想，如果烛之武在谈话中旁枝四出，说了许多与秦国的利益无关的话，就把谈话的中心淹没了，当然不可能取得很好的效果。

说话要有条理，表达要有中心，先说什么，后说什么，要有一个合理的顺序。烛之武这番话，一开头就表明自己是为秦国的利益来做说客的，这样就消除了对方的戒心。接着从地理位置分析灭郑对秦有害，存郑对秦有益。最后指明晋国才是秦国的潜在敌人，提请秦穆公考虑：因灭郑而加强晋国对自己是否合算。这番话说得有条有理，中心突出，使人一听就信服。如果颠三倒四，头绪不清，人们听了不得要领，就很难有什么说服力了。

要使说话中心突出，条理清楚，就要在说话前理清思路和线索。紧紧抓住中心，把无关的枝节统统去掉，切勿求全求多；把材料的先后安排好，力求层次清晰，眉目分明，避免乱了套。

说话表达要言之有物

说话言之有物，表达有的放矢，才能达到预期的效果。

《周易·家人》："君子以言有物，而行有恒。"人们在日常生活中都会遇到这样的情况，不管是听别人作讲座，领导做报告，还是和周围的人聊天，都会碰到言之无物、空洞乏味的时候，上面讲得很热闹，下面听众却觉得困顿乏味，嫌内容假大空，虚无缥缈，不知所云。听众最怕听到的讲话是言之无物，不知所云。

为什么会出现言之无物的情况呢？究其根本，问题在于谈话者、演讲者没有很好地理解自己的讲话内容。自己都不明白为什么要说话，怎么能期待给听众一个内容充实、言之有物的表达呢？要解决这个问题其实并不困难，简单地说就是要很充分地精心准备自己的讲话内容，在开口讲话之前比较透彻地理解问题，才能在表达时做到言之有物，有的放矢。

有一天，林肯律师事务所来了一位行走蹒跚的年老寡妇，她是一位阵亡士兵的妻室。她向林肯泣诉，说她应该领取的400元抚恤金，被一位发放抚恤金的官吏强索去200元的手续费。林肯听了勃然大怒，立刻为她向法庭对那位官吏提起了诉讼。

开庭的时候，林肯用愤怒的目光看着被告，他所说的话，差不多每个字都是十分中肯且言之有物，那种严正的态度、热烈的情感，几乎使他要跳起来剥掉那位被告的皮："时间一直向前迈进，在 1776 年的英雄，已经成为过去了，他们是被安置在另一个世界中了。但是，那位英雄已经长眠地下，他的年老衰颓而且又跛的遗孀，此刻来到我们的前面，请求替她申冤。在过去，她也是体态轻盈、声音曼妙的美丽少女，现在她贫无所依了，没有办法，只好来向享受革命先烈所争取到的自由的我们，请求给予同情的帮助和人道的保护。我现在所要问的是，我们是不是应该援助她？"

当林肯这样一段中肯的话说完了，居然有人感慨得流下眼泪，大家一致认为那老妇人的抚恤金是分文不能少给的。法庭最后分文不少地追回了士兵遗孀的抚恤金，严肃审判了那个官吏。

不论对谁说话，都要避免空洞的内容，去除那些泛泛而谈、不着边际的言论。言之有物，表达的内容就会充实，就能吸引听者关注，激发听者的兴趣，进而增进交流，达到预期沟通效果。

对症下药，问题迎刃而解

当问题发生时，你看到的只是表面现象；问题为什么会发生，这才是你真正应该探究的原因。

找出根源，等于找出了答案。

业务员小周有一个令他十分头疼的客户，这个客户专爱欠账，而且往往一拖就是好几个月。

为了这个客户，小周不知道让经理给数落了多少次。其实，并不是他不积极地去催账，只是这家公司老板老谋深算，只要秘书一听见电话那头传来小周的声音，便会马上接着说：“我们老板不在。”然后，“咔嚓”一声挂断了电话，叫小周向谁开口要钱呢？

若是直接跑到客户的公司门口，柜台小姐一看到他，便一定会中气十足地扯着嗓子喊道：“真是不巧，我们老板今天不在！”

做生意做得这么痛苦，小周不是没想过干脆不要和这家公司打交道，只是市道冷清，如果放掉这条大鱼，可能会连鱼干都吃不到！为了长期的利润着想，小周只好硬着头皮，一次又一次地上门去碰钉子。

终于有一天，小周想出了一个对症下药的办法。他匆匆忙忙地来到客户的公司。照例，在门口就吃了柜台小姐的闭门羹，她大声地喊道：“我们老板不在，请你先回去，等老板回来我再请他打电话给你。”

小周只好点了点头，转身走向门口。临出门前，像是忽然记起了一件事情，他走回柜台，从公文包里掏出一封信交给柜台小姐：“要是老板回来了，麻烦把这封信转交给他。”

说完，小周就急忙离去。

过了一会儿，又看到小周气喘如牛地走回来，他上气不接下气地对柜台小姐说：“很对不起，刚才的信给错了，请还给我。这封信才是给老板的。”

柜台小姐走到办公室里拿了那封信出来交还给小周。

小周瞄了信封一眼，发现信封已经有被拆开过的痕迹，兴奋地说：“太好了！老板已经回来了，请带我去见他。”

就这样，小周顺利地见着了老板，拿到了货款。在把货款放进公文包的同时，他看了看皮包里那封被拆开的信，信封上写着：“内有现金，请亲启。”小周脸上浮现出得意的笑容。小周的问题是什么？他有一个贪心的客户，因为贪心，所以欠账，如果想要成功收回账款，小周必须先从人性的贪婪着手。

任何问题的答案都隐藏在问题之中。没有人可以处理一个自己不知道是什么问题的问题，解决问题的第一步是深入了解。

如果对方是一个贪心的人，你就必须诱之以利；如果问题只是来自误解，你便可以釜底抽薪。

世界上没有解决不了的问题，有的只是你不了解的问题。当你了解了问题的症结在哪里，你便可以得知该从哪里谈起，也就知道如何去表达，如何去解决问题。

攻其一点，击中要害

在交谈中，要想达到说服别人的目的，关键是要选准“点”，攻其一点才能一举取胜。

苏联大革命时期，无政府主义者曾经卑鄙地把“经济地位决定人们的思想”这个马克思主义的基本原理偷换为“吃饭决定思想体系”，大肆攻击马克思主义是“填胃的理论”。对无政府主义这种卑劣的行径，斯大林对他们进行了坚决的驳斥：“请诸位先生告诉我们吧，究竟何时、何地、在哪个行星上，有哪个马克思说过‘吃饭’决定思想体系呢？为什么你们没有从马克思主义著作中引出一句话或一个字来证实这种论调呢？诚然马克思说过的，人们的经济地位决定人们的意识，决定人们的思想，可是谁向你们说过吃饭和经济地位是同一种东西呢？难道你们不知道，像吃饭这样的生理现象是和人们的经济地位这种社会现象根本不同的吗？”

斯大林由于抓住无政府主义者通过偷换“经济地位决定人们思想”这个命题而否定马克思主义这个实质性问题进行反驳，着重阐明“经济地位决定人们思想”这一命题的特定含义及与他们所偷换的概念的本质区别，因而彻底地击中了无政府主义的要害，使其荒谬的论调不攻自破。

在攻其一点上，要注意选准的“点”与我们的推断须有必然联系。

在运用攻其一点的方法时，必须把事物之间多重关系加以割裂和缩减，然后把割裂和缩减后的关系在事物中的作用加以夸大，并以此为依据，推出不具必然性的结论。

闻一多是一名正直而有威望的学者，当他转变为坚定的民主战士的时候，引起了反动派的恐慌。他们四处造谣攻击说："别听闻一多那一套，他还不是肚子饿得发慌，才变得这么偏激。”对这一点闻一多显得很坦然，他反驳道："这话也有几分道理，我确实挨过饿，正是因为我挨过饿，才懂得那些没有挨过饿的先生们所无法懂得的事情。正因为我现在能够稍微吃得饱一点，有点力气，我就要把这些事情讲出来，是不是这就是‘偏激’？让那些从来都吃得很饱的先生们，爱怎么说就怎么说吧！但是，我只知道国家糟到这步田地，人民痛苦到最后一滴血都要被榨光，自己再不出来说说公正的话，便是可耻的自私。”

闻一多针对反动派的谎言进行反驳，突破对方的防线，取得了论辩的胜利。

选准“点”，发现、捕捉易被忽视但却能使对方措手不及的弱点、缺点、疑点等，然后以点带面发起攻击，击中“要害”，达到说服对方的目的。

如果在与人交谈时，必须在极其短的时间内说出对别人的要求，以及向对方说明如此做了以后，他们能够获得什么样的利益时，你千万不能婆婆妈妈地为一些琐屑的细节所羁绊，只要简单地说出你的重点主张就行了。

1. 坚定自信地说出要点

所谓的“要点”，就是你与对方交谈所要实现的最终目的。为了使对方依赖你，对于完成你的要求或实现某一目标充满信心，所以你一定要信心十足地说出来。对于对方的行动要求，必须以乐观而坚定的语调，直率地强调出来。为了获得较好的交谈效果，在说话时，你一定不能畏缩而要信心十足。对于你真挚的陈述，对方一定会感动，并为此立即采取有效行动，从而完成你的要求和目标。

2. 使对方明白采取行动

不管你所阐述的是哪一种问题，你的目的就是要把问题的要点以及要求对方采取什么样的行动，简单扼要地表达出来，以便让对方容易理解，这样才能够让对方顺利地展开行动。为了达到这个目的，最妥善的方法就是把关键部分具体地说出来。

如果在说话时，你能够具体地为对方提示事情的关键和问题的要点，那么你就要比其他人更容易和别人交谈，也更容易使对方感动。“发给客户的商业信函寄出去了吗？”比起漠然地对下属说“去把发给客户的商业信函打印出来”更有效果。

到底以肯定的方式叙述要点好，还是以否定的方式叙述要点比较妥当？这一点是无关紧要的，只要你能把你提出的要求叙述清楚表达准确即可，但必须站在对方的立场上做出这一决定。

3. 具体而精当地叙述要点

当你要求对方做一些什么事情时，必须叙述精当，因为对方只会做他们明白理解的事情。他们既然要依照你的话采取行动，那么你就得准确而精练地把自己的意思表达出来。

Chapter 10

第十章

及时救场，让人喜欢你

巧妙化解尴尬的“流星战术”

现场的气氛变得紧张，容易导致争执和僵局的出现，这不利于交流。当你发现气氛趋于紧张的时候，就要注意了。若能采取一些恰当的手段，便能够缓和气氛、打破僵局，推动交谈继续进行下去。

有一种“流星战术”，自古以来一直为人们所运用，可以达到缓和气氛、打破僵局的目的。何谓“流星战术”？其实就是转换话题、转移视线，以缓和气氛、化解尴尬。为什么叫作“流星战术”呢？这是因为人们在转移别人的注意力时，经常会突然手指天空，高声大叫：“啊！你看，那是流星呀！”

这么一说，你应该就明白了，事实上，你也许会经常使用这一招。尤其是在遇到不太妙的状况时，通过转换话题，引导他人转移视线，从而化解尴尬。

有位母亲带着 3 岁的孩子去逛百货商场，忽然，孩子叫嚷了起来。原来孩子看中了一个玩具车，非要母亲买下来不可。母亲正被纠缠得无可奈何，忽然灵机一动，说道：“嘿！你看那是什么东西，是不是大力士呀？”

孩子立刻停止哭闹，朝着母亲所指的方向看去，然后就让母亲乖乖地抱走了。

如果你的孩子哭得无法遏制，你又怕哭声干扰别人，就可以适当运用这种战术，很快就可以将孩子的哭声止住。

当然，这种“流星战术”的对象并不仅仅限于小孩，在一些紧要关头采取这种做法往往也会奏效。

比如，某公司的经理在解决劳资纠纷时，对方来势汹汹地要经理当场拍板，经理却不做正面回答，反而从容镇定地说：“嘿，你的声音不错嘛！很适合当歌星。”

这样一来，紧张的气氛一扫而光，同时也削弱了发言者的气焰，这就是“流星战术”的效果。

前段时间，张老师所在学校的教导主任退休了，张老师是最有希望接任教导主任这一职务的，要知道张老师已经连续五年当选为校级模范教师。

可是，一个多月过去了，没有任何任命。张老师找到校长，暗示了几回，校长仍然没有任何表示。张老师和妻子决定请校长吃饭，顺便探听虚实。

席间，校长顾左右而言他，就是不提选拔教导主任的事情。张老师有些急了，对校长说：“校长，李主任退休那么久了，教导处那边总该有个人担着，校长您一人担两职，实在辛苦，这不是长久之计啊！”

校长笑了一笑，说：“这个事情啊，校领导一直在开会讨论，可咱们学校实在是人才济济，还得从长计议啊！”

“可是，按照资格来说……再说，这选谁还不是校长您说了算嘛！”张老师有些不满校长的话，直接用话挤对校长。

结果校长一听这话，立马变了脸色，正要开口斥责张老师。

这个时候，张老师的妻子看出气氛不对，当即说道："哎哟，真是的，你们男人怎么吃饭也离不开公事啊！今天咱们就是吃饭，不谈公事啊！赶紧吃菜，老张，快给校长满上。"

张老师明白妻子的暗示，立刻给校长斟酒。接下来，张老师和校长谈论了学校里的一些事情，中间不免有气氛紧张的时候，好在张老师的妻子每次都能在关键时以敬酒为名，避免二人起争执。

最后，校长表示这顿饭吃得很愉快，并感谢张老师夫妇的款待。

张老师的妻子无疑是一个有智慧的人，她能够敏锐地察觉现场气氛的变化，同时能够适时地采取"流星战术"转换话题，缓和紧张气氛，为双方的沟通创造更加良好的氛围。

在交际场合中，如果某个较为严肃、敏感的问题弄得交谈双方剑拔弩张，甚至阻碍交谈顺利进行，我们也可以使用"流星战术"，暂时回避一下，以达到避开尴尬的目的。

一天，小金正在伏案写报告的时候，同事"洪大炮"却在对面唾沫横飞地说长道短："哎，我说小金啊，你知道吗？咱们部门那个新主任的人选已经定了，就是刚来的那个 MBA。嘿，你说说，他凭什么呀？小金，你一个本科生加上 4 年的工作经验还不敌他一个刚毕业的 MBA？这都是什么世道啊？我都替你不值啊！"

然而小金没有表现出丝毫惊讶或激动，连头也没有抬一下，只是漫不经心地说道："是吗？那我得先谢谢你了，给我提了个醒，老洪，你是一个仗义的人。唉，看来我还得继续努力工作呀，让人家后来居上，我的老脸往哪儿搁呀？你说是不是？"

说到这里，小金突然问："啊，对了，老洪，昨天我要的那份资料你弄得怎么样了？”

“洪大炮”明显愣了愣，然后才说道：“哦，你等一下，我马上给你找去。”说着，转身出门去了。

在上面这个例子中，小金通过转移话题的方式，轻易便避过了敏感问题的讨论。在现实生活中，我们难免会遇到像“洪大炮”这样的人，他们专门以传播小道消息来拉拢人。和这种人打交道，若你直接堵对方的嘴，对方可能会觉得不高兴，甚至会觉得你瞧不起他。得罪了这样的人，难免就会遇到一些麻烦。

这样的人要是抓到你的小辫子，制造一点不利于你的流言，即便没有大碍，也难免会影响心情。怎么办呢？你可以对他所说的内容假装糊涂，充耳不闻，但表面上做出对他个人很买账的姿态，哄他开心，再把话题岔开就可以了。

我们与人交谈，不慎说到尴尬话题，也会经常使用换话题这一招，比如，“哦，今天我们不谈公事”“不说这个了”，这种岔开话题的方式其实不太好，因为不够自然，是一种生硬的拒绝方式。如果你打算岔开话题，最好不要使用提醒式的话，否则会让人感觉不太好。尝试使用我们本篇中提到的“流星战术”，可以很好地回避尴尬问题。

关键时候，帮人摆脱窘境

什么样的人最得朋友的欢心呢？这个问题不好回答，但如果一定要说出个所以然，那么应该是那些懂得维护朋友尊严的人吧。他们从来不做拆台的事情，乐于助人，在关键时刻，他们能够帮人撑住场面，而在尴尬的时候，他们又能够及时出现，帮人解围。

田先生出席朋友的小宴会时发现，朋友请了10个人才要3瓶酒。他知道10个人5道菜起码得有5瓶酒，因此他心中琢磨朋友必定是手头不宽裕。

明白过来后，他不露声色，向朋友请缨为大家斟酒。结果，5道菜上完，大家的酒杯还是满的。朋友觉得有面子，非常感激田先生给他圆了场，与田先生的关系越来越好。

田先生要让朋友“出洋相”简直太容易了，如果他性格直爽，不懂得其中的奥妙，往往就会脱口而出“这些酒哪够啊”。这样的情况在生活当中很常见，但是这样的话一说出来，朋友心里肯定会不舒服。

除了维护朋友的尊严，有的时候还要给朋友长脸，不要让别人感觉掉价。张女士买了一件衣服，陈小姐看见了，赞道：“哇，张姐，你穿上这衣服显得好精神啊！新买的，花了不少钱吧？”张女士开心地笑道："呵呵，你猜。"

陈小姐了解市场行情，知道这衣服两三百元完全能够买得下来，但她没有直接说出来，而是猜测道："这是现在的时尚流行款，料子也很不错，至少得花四五百元吧？"张女士一听更加高兴，笑得两只眼睛眯成一条缝，道："你没想到吧，我才花 200 元就买下来了！"陈小姐大拇指一跷："嘿，张姐，你行啊！下次我买衣服，找你帮我砍砍价。"张女士笑着说："没问题。"

陈小姐的说话方式是很值得学习的，她故意把衣服的价格说得高一些，从而令对方产生成就感，当然会使对方高兴。这样说话，实际上就是捧场，自然让人开心。

反之，如果陈小姐说："这种衣服也就二三百元。"你想想张女士心里会是什么感受？如果她比较和善，她会想："难道我的眼光不行？"如果她的情绪比较烦躁，或许她就会说："你这人也太没眼光了。"总之，她绝对不会如此高兴，心里还可能会产生一些疙瘩。这样一来，人际关系也就不会和谐了。

而陈小姐三言两语，说得张女士开心不已，这就是因为陈小姐深明人情世故。人都希望自己的脸面有光，担心掉价。如果你想让一个人高兴，并想与之和睦相处，就应该尽可能地给他捧场。

有人觉得这是投其所好的世故奉承，因而不屑为之。然而，他们却没有想到，我们这样做的出发点是光明正大的。给人捧场，无论是对自己、对对方，还是对社会，都是没有害处的，相反，这种人际互动技巧往往能给对方、给社会带来欢乐。

面对一位 30 多岁的女人，你说她看上去只有 20 多岁；面对一个60多岁的老人，你说他看上去只有四五十岁，这种“美丽的错误”，对方是不会认为你缺乏眼力，更不会对你反感，相反，对方会对你产生好感，形成心理上的相容。如此，你又何乐而不为呢？而且，这样做能够让人获得美好的心情，又没有任何妨害他人之处。对于这样的“美丽的错误”与“无害的阴谋”，我们多说一些又何妨呢？

照顾别人的颜面，这是为人处世应该学习的。懂一些人情世故，照顾一下别人的面子，会让你的人际关系更加和谐，也能让社会少一些矛盾冲突、多一些和气。

场面上的事情，总是要做得妥帖一点、光彩一点，这也是对别人的一种尊重。你希望别人怎样对待你，你就应该怎样对待别人。你维护别人的尊严，别人也会在意你的尊严。照顾他人的尊严，不忽略他人的感受，能于不动声色中帮助他人摆脱窘境。这样的人又怎么可能不得人心呢？

反之，你若是不懂其中的奥妙，话说不美，不仅不能圆场，还很容易造成尴尬。有的人请客吃饭，进门就问：“今天有什么特价菜啊？”弄得一旁随同前来的客人直皱眉，客人心里想：“难道说在他心目中，我是那种只配吃特价菜的人？还是说，他原本就是一个贪小便宜、目光短浅，又毫无生活质量的人？看来我得重新考虑跟他合作的事情了。”

提倡勤俭节约、拒绝铺张浪费是我们一贯主张的原则，但是这需要讲究技巧，而不宜大张旗鼓地表现出来，或是让对方察觉出来，否则就成了小气、吝啬的表现，这将直接影响对方对你的看法，甚至会打消对方与你交往的想法。这可就因小失大、得不偿失了。

维护他人的自尊，实际上也是给自己一个台阶。如果你想获得他人的尊重，让彼此的关系更融洽，就要懂得照顾他人的感受，在对方遇到尴尬局面的时候，要能想方设法维护对方的尊严，帮人圆场，摆脱窘境。

处事灵活，化干戈为玉帛

有个男子到小吃店要了一碗面，由于面的鲜味刺激了他的呼吸道，随着“阿嚏”一声，面没有吞进肚里，却被这突如其来的喷嚏喷到对面一位顾客的面碗里。

那位顾客见此顿时大怒，他“呼”的一下站了起来，一拍桌子，喝道：“没长眼睛啊，你朝哪儿喷呢？”

这名男子也愣了，他缓过神来，转头就冲伙计喊：“我告诉你不要放辣椒的，你干吗在里边放辣椒？你瞧瞧，现在可怎么办？你赔我的面钱，我要赔人家的面钱！”

伙计很委屈，争辩道：“面里没有放辣椒。”周围的顾客都看了过来，眼看这 3 个人就要闹起来了。

老板见势不妙，赶紧跑过来，打圆场道：“太抱歉了，是我们服务不周。”说着，又朝厨房喊道：“再下两碗面，面钱免啦。只有大家和气，才能生财嘛！”面对老板真诚的笑脸和诚恳的态度，两位顾客实在不好意思发作，只好接受。

如果老板这个时候不照顾这两位顾客的感受，试图用讲道理的手段让他们分出是非黑白，只怕这生意就不必做了。相反，他及时圆场，照顾了顾客的感受和面子，这件事情才得到了圆满的解决。

与人相处，要学会说好话、打圆场，帮助别人消除不良情绪。在当事人十分懊恼或不快的时候，有时旁人说几句得体的话，便能够消除矛盾，获得圆满结局。

清朝名臣张之洞任湖广总督时，适逢新春佳节，抚军谭继洵为了讨好张之洞，设宴招待他。不料，席间谭继洵与张之洞因长江的宽度争论不休。谭继洵说是五里三，张之洞认为是七里三，二人各持己见，互不相让。

眼见气氛紧张，谁也不敢出来相劝。这时位列末座的江夏知县陈树屏说："水涨七里三，水落五里三，两位大人说的都对。"这句话给两个人解了围，他们都拊掌大笑，并赏陈树屏20锭纹银。

作为下属的陈树屏，能够调解上司间的纠纷，可谓智慧，其巧妙且得体的言辞，既解了围又使双方都有面子。他的说话方法就充分考虑了听者的心理。众所周知，对一件事情的描述，每个人都会有不同的表达方式。对于话语含义的微妙差异，在说话时应该付出的热诚程度等，都是需要下一番功夫的。

有时交谈的重点会在我们轻松得体的话语中明显地表达出来，还有的时候，我们心平气和地与人说话，也会给对方留下深刻的印象。

成功地打圆场，能让一方摆脱尴尬，一方转怨为喜，最终皆大欢喜。当然，要想圆满地解决矛盾，还需要机智灵活、随机应变，不仅要说得巧妙，更要说得得体。

若你是一位领导，对于下属之间的纠纷，有时只要主动地承担责任，就可以化解双方的矛盾。

小李和老宋在同一间办公室工作。一次，小李去市政府听报告，老宋不知道，因此对小李很有意见，当面质问小李为什么不告诉他听报告的信息，两个人因此大吵起来。

彭主任了解他们吵架的原因后，对老宋说：“听报告没有通知你，这不是小李的错，是我没有要他通知你，因为你们两个人有一个人去听报告就行了。你如果有意见就对我提吧，不要责怪小李啊！”

老宋听后，觉得自己错了，于是主动向小李致歉，他们又和好如初。

世上没有劝不开的架，没有解不开的死疙瘩，人生也没有过不去的坎。有人对打圆场不以为意，甚至心存厌恶，认为打圆场就是耍滑头、和稀泥，这是错误的认识。千万不要小瞧打圆场的作用。

打圆场，目的是消除彼此的误会，缔造和谐与平衡的人际关系。这也是有智慧的人希望获得的结果。

善于打圆场的人，能够整合周遭环境中迥然不同的事物，不仅能够调解组织内的纷争，维持组织的稳定团结，还能够劝合一个分裂的家庭，弥合朋友之间的嫌隙。由此可见，和事佬往往有着搭起人与人之间沟通桥梁的重要作用。因此，打圆场是一门非同一般的技巧。

做人应该学一些打圆场的技巧，这将会帮助你改善人际关系。因为与人交往时，不可避免地会遇到一些容易让别人和自己感到难堪的场面，比如指责、批评、拒绝等。这个时候是对一个人为人处世能力的检验，凡在类似的场合能够打圆场者，一般说来是会为人处世的人；反之，则应该进行一番自我反省。

让人说完，别打断他人的发言

周小姐应邀参加一个朋友举办的生日酒会，在酒会上她看见一位自己很仰慕的著名专栏作家。她整理好自己的仪容，拿着一杯酒准备过去向专栏作家介绍一下自己。

但是这位作家被一群人包围着，周小姐根本不可能靠近她。她只有站在不远处，等待这群人慢慢地散去。过了一段时间，周小姐终于等到了一个机会，此时作家正在和几个人聊着什么。

周小姐来到他们中间，忙着向作家介绍自己。她这样一介绍，就打断了作家和那些人的谈话，但是周小姐并没有看见大家不悦的表情，她急着要把自己对作家的仰慕之情表达出来。

作家和她的朋友只能听着周小姐喋喋不休，没过几分钟，这些朋友只得无奈地纷纷走掉了，只留下作家和周小姐。

周小姐终于结束了对自己的介绍，她以为自己在很短的时间里就能够和作家熟识，但是最后，作家只是跟她说："很高兴认识你。"周小姐感到很失望，她觉得是作家太傲慢了。

然而，她不知道的是，在别人谈话的时候，随随便便地打断人家、介绍自己，是一种很不礼貌的行为。试问，谁会喜欢一个在第一次见面就这样不礼貌、没分寸的人呢？

因此，在别人谈话兴致正浓的时候，不要打断对方美好的感觉。美好的感觉被打断，肯定会影响人的心情，让人失去平和的心态，导致尴尬的局面。

在一片绿茵茵的草地上，老师带着一群学生围坐成一圈。一个十四五岁的少年站在中央，正在满怀激情地朗诵诗歌：“让拥抱陆地的海洋 / 永远不失蓝色的梦幻吧 / 就像青春的童话……”

话音未落，就有几个学生嚷嚷起来：“读错了，读错了，是清纯，不是青春……”

被打断的少年非常害羞，脸红彤彤的，只好返回来重读，却没有了半分激情。刚刚酝酿起来的感情，就宛若一簇脆弱的小火苗，被轻易地扑灭了。

诗歌朗诵完毕，老师站起来点评：“他第一次朗诵得很好，虽然读错了一个词，但我要给他打 90 分。第二次朗诵虽然没有读错字，但没有朗诵诗歌的激情，所以我只打 60 分。”

周围的同学听了老师的话，一片哗然：“不公平！读错字了，怎么能给这么高的分呢？”老师说：“大家安静一下，接下来我要批评你们，在刚才第一次的诗歌朗诵的时候，你们不应该打断他！”老师指了指朗诵诗歌的少年。

众学生疑惑道：“为什么？他出错了，就应该帮他指出来啊！”老师点了点头，道：“没错，你们可以指出和帮他纠正错误，但为什么不能在他读完之后纠正呢？你们这样一打断，是对他的努力和热情进行否定，导致他在第二次朗诵的时候就没有了热情。朗诵诗歌没有了热情，又怎么可能有好的效果呢？”

学生们都陷入了思考。过了一会儿老师接着说：“我们要尊重别人，在别人说话时，不要随意打断别人，给别人的心里添堵。将心比心，如果别人打断我们说话，我们的心里会好受吗？”

这位老师的教导可谓清楚明白，但是生活中偏偏就有很多人习惯于打断别人说话，而且毫不在意，甚至有不少人根本就没有意识到这是一种不礼貌的行为。

不要随意打断别人说话，尤其是在别人正商议某件非常重要的事情的时候，因为你的加入，他们无法集中思想继续谈下去，可能就会导致失败。

姜先生终于开始创业了，他开了一家贸易公司，准备大干一场。这一日，姜先生约了几位大客户到办公室里谈生意。聊得正开心时，姜先生的一个朋友走了进来。

这个朋友平时就大大咧咧，虽然来到了姜先生的公司，但他想这可是自己好朋友的地盘，而且他认为当了老板的姜先生也没有什么变化，依然是可以随意玩闹的朋友。

于是，这朋友一进办公室，就很随意地打断了几个人的谈话，插嘴说道：“咳，今天可真倒霉，我刚进地铁，就看到两个人在吵架……”

姜先生脸色一变，连忙给朋友使了个眼色，但朋友并没有注意到，依然说得津津有味。姜先生没有办法，只好直言告诉朋友：“我们正在谈生意。”这时，这位朋友才意识到自己的不当行为，借口去洗手间，离开了办公室。

“刚才我们聊到哪里了？”几个人正准备继续话题，可就在这个时候，那个朋友又敲门走了进来。原来他觉得刚才的行为太过失礼，决定回来向人家道歉。他左一句“对不起”，右一句“抱歉”，几位客户连忙客套地说“没关系”，可一边的姜先生，脸色却越来越难看了。

果然，有位客户起身，对姜先生说：“姜先生，很抱歉，我们不知道你今天约了朋友。我看你朋友的事情似乎很着急，你先和朋友聊吧，我们改天再来拜访。”

说完，几位客户都起身走了，而那个朋友仍在为自己的行为抱歉不已，却不知道此时的姜先生怒火中烧。

如果你遇到了姜先生这样的情况，你会欢迎打断他人讲话、胡乱插嘴的人吗?

当你看到你的朋友和你不认识的人聊得起劲时，可能也有参与进去的想法。这是可以理解的。但是如果在他人正说着的时候，不顾当事人的感受，不分场合随便插话，这不仅扰乱了谈话人的思路，还会让对方心生不快，有时甚至会产生不必要的误会。假如你想要加入别人的谈话，最好先在旁边静静地听一会儿，然后找恰当的时机发表你的看法，而在说话之前，最好客气一点，征求别人的同意。

无关得失，就不要太计较

有个人喜欢象棋，自诩棋艺不凡，在一次同学聚会上，他与一个同学对弈。没想到那同学一开始就咄咄逼人，他知道对方是一个劲敌，便打起十二分精神进行比赛。

可是，无论他如何努力，依然不是那同学的对手。很快，他就输了一局。那同学说："还来不来？"

他说："为什么不来？再来！"这局他又败了。他不甘心，又下了两局，结果都是败局。

那同学哈哈大笑："还来不？"

他向来着意于修养，胸襟开阔，但不知道为什么，这次却无法忍受这种刺激，说："再来！"

比赛到后来，他竟然被逼得心神失常，冷汗直下。

同学见他焦急的神情，格外高兴，故意留一个破绽给他发现。他以为机会来了，立即进攻，期待转败为胜。

谁知，同学突然落下一子，哈哈大笑道："将军！啧啧，你不是说自己下棋还行吗？这也叫行啊？我看水平也就一般吧！"

他再也受不了了，当即站起身来，转身离开。

而那位同学始终没有意识到自己存在的问题，反而转身对别人说："下棋而已，至于吗，他这个人啊，就是输不起。"

后来，他从别人口中得知同学说的那句话，心中更是恼恨。二人就此形同陌路。

生活里有些人喜欢赢，爱较真，结果给人的感觉很不好。比如下棋，有的人会一口气赢对方十几局，在对方已经抬不起头、涨红脸的时候，还一个劲儿地喊“将军”。其实，作为一种娱乐活动，也不是正式比赛，对输赢本不用那么较真，不然它本身的娱乐性就不存在了，剩下的只是火药味。

不要说别人心眼小，也不要说别人输不起。事实上，这个世界上输得起的人真不太多，甚至可以说根本没有。人们可以淡定地面对自己的败局，但是没有几个人能够淡定地面对一次又一次的败局。

失败一次，你认了；失败两次，你忍了；失败三四次，你还可以安慰自己：“没关系，失败乃成功之母，我再接再厉，一定会赢的。”但是失败接二连三，你就会指着头顶的天空大骂：“为什么受伤的总是我！”

如果你总是赢，而把输扔给你的朋友，那么场面一定会越来越尴尬。不要说别人的胸怀不够宽广，事实上你的气量也不大。如果够大，你好歹也让别人赢一局啊！可是你没有，于是尴尬了。

所以，告诉你这样一个道理：在无关得失之争中让一步，即便不为讨对方的欢心，至少别伤害对方的自尊。这样做，对你多少会有一点好处。

宋太宗很喜欢下围棋，棋艺也不错，他经常与宫里的待诏们下棋。宫里有一个叫贾玄的待诏，是一个围棋奇才。在没有入宫之前，贾玄每弈必胜。不过，进宫之后，他就很少胜了。

贾玄深知，在宫里的那些有权有势的人专横跋扈惯了，都有极强的好胜心，即便是弈棋，如果输得没了面子，也会恼羞成怒。因此，他很少去赢别人，尤其是和皇帝弈棋时，每次都输。

贾玄把握得很好，既不赢宋太宗，自己又不会输得太厉害。这让宋太宗很高兴。但是，时间长了，宋太宗产生了怀疑，他对贾玄说："我听人说你的棋艺天下第一，为什么你会经常输给我？"

贾玄说："陛下棋艺高超，取胜不足为奇。愚臣全力以赴，争取不再输棋。"

结果，二人再下一盘，贾玄没有输棋，但却是一局和棋。宋太宗有些哭笑不得，但又毫无办法，便故意生气地对贾玄说："再下一盘，如果你赢了，我重重赏你，但如果你输了，我把你投到护城河中去。"贾玄点头称是。

可是棋下完，一数子，竟又是一盘和棋。宋太宗哑然失笑，道："国手不愧为国手！竟然可以做到这样。"

贾玄总是输棋，表面上看有拍马屁之嫌，但是实际上国手的傲气却在委婉中显露了出来——他想和棋就可以和棋。能够掌控棋局到如此地步的人，又岂能不令人佩服？即便皇帝也只有叹服而已。

对于一些无关紧要的意气之争，应该抱以宽容之心，以退让为要。就比如在那些娱乐性质的比赛上，根本不必太较真，即使对方技术比不过你，你也得让对方获得胜利，这样做可以避免尴尬。但又不能明显地让步，那样会让对方觉得你是看不起他。若能恰到好处地让步，既能让人感受到尊重，也能领会到你的高明，还能避免尴尬的场面，那真可谓一举数得，岂不美哉？

没话找话，打破冷场的氛围

很多人都不知道要说服对方时该如何开口，尤其是当谈话的对象是陌生人，或是不怎么熟悉的人，或是沉默寡言的人时，谈话就很容易陷入冷场，气氛也可能变僵。

例如，当你想去要求某人办事时，如果一下子就单刀直入地说："请问 ×× 在吗？我要他帮我去做件事。"这样不但会显得硬邦邦，而且可能会使对方产生心理上的距离，对方就不一定会如你所愿帮你办事。

最好的方法是在聊聊天气、当天的新闻、个人兴趣爱好之类的话题之后再切入主题。这一点可以向一些主持人学习，他们在任何场合都能想办法使气氛活跃起来。

例如，在参加宴会时，几个不认识的人坐在一起，气氛难免会有点尴尬，如果有人能主动打开话匣子，不仅能让气氛活跃，还能让宴会有趣许多，而且能拉近彼此之间的距离，说不定还能谈成一笔生意。有很多推销员就是利用这种宴会结交朋友和促成交易的。

可以用来打开交谈之门的话题可以说数不胜数。天气永远是打开交谈之门不可或缺和绝对安全的话题，尤其是在你对交谈对象毫不了解的情况下，如"这段时间为什么老是下雨""天气总这样热，真让人受不了"等。

小孩和动物也是很好的素材，因为绝大多数人都是喜欢小孩和动物的。一旦你得知你面前的这个人有小孩或者养了宠物，你便可以用小孩或宠物的话题跟他极为轻松愉快地交谈起来。此外，中国人的“传统话题”也可以派上用场，比如：“您的老家在哪里？”“您贵姓？”这类问话基本上不会让人觉得失礼。

当然，最好的打开话题的方法还是谈论对方熟悉的东西，因此需要事先了解对方的职业、地位、人品，并在某种程度上做一下调查，如此即使是初次见面，也能够配合对方的话题发挥。

如果你有机会到某人的家中或办公室，室内的一些陈设可能会使主人津津乐道。很多人会在桌子上摆放照片，照片上显示的背景便为我们提供了打开话匣子的素材，我们可以询问主人外出旅行的经历。对于墙上的挂画，我们可以向主人表示对这些画的兴趣。

和对方聊一些私事，是和陌生人拉近距离的一个很好的方法。因为每个人在告诉别人关于自己的事时，就等于在向对方敞开心扉。例如：“我喜欢去钓鱼，您有什么爱好呢？”

像这样率先向对方“表白”自己的情况，对方也会乐于谈谈自己的情况。如果对自己的事一概不谈，只一味地刺探对方，“你家住哪里？假日都做些什么？有几个小孩？”这会让人感觉像在被警察审讯一样，进而对你产生排斥心理，自然懒得和你说话，当然也就无法继续谈话。

如果谈话双方拥有共同的兴趣，话题就可以在这种兴趣上展开。例如，如果知道对方对钓鱼也有兴趣，则不妨向对方请教：“你经常去哪里钓鱼？”“哪种鱼饵是最有效的？”

人们在谈到自己的经验时，一定会满面春风。因此，对于这类问题，对方一般会很乐意告诉你，你也可以趁机与对方套近乎，拉近彼此之间的距离，为接下来的说服工作做好铺垫。

在选择话题时还要注意以下两点：

第一，话题内容要有可信度。如果将电视、报纸上的情报“挪为私用”，应该正确地记住日期、场所、名称、数量、前后关系等要素，以便增加内容的可靠性。如果是道听途说的内容，一定要亲自翻阅当时的报纸来验证，绝对不可口说无凭。

第二，话题内容要有益。听众最有兴趣的就是“对自己有用的情报”。举凡有关新技术、新技法、新产品的说明，与赚钱有关的内容，特别的经验、技术指导、人生警示之类的话题都属于这类“有益的情报”。

在谈话过程中，遇到冷场的情况，若不能主动寻找话题，则很容易造成尴尬的场面。特别是不太熟悉的男女待在一起时，若没有人主动攀谈，寻找话题，冷场的概率会非常大。聪明的谈话者，会率先抛出话题，打破僵局，化解尴尬。事实上，主动地没话找话说，会使人感受到你的热情。而且，在某种程度上，没话找话说，更是一种有礼貌的表现。毕竟，冷落他人是很失礼的行为。

失意人面前不说得意事

有一次，老梁约了几个朋友来家里吃饭，这些朋友彼此间都很熟悉。老梁把他们聚在一起主要是想借着热闹的气氛，让心情不佳的老洪放松一下。

因为经营不善，在不久之前，老洪的公司破产了，他的妻子也因为不堪生活的重压，正与他闹离婚。内外交困之下，他感到很难受。

大家都知道老洪目前的遭遇，因此都不约而同地避免谈及与事业有关的事。可是爱喝酒的老肖没能管住自己，几杯酒下肚就开始大谈自己的风光。

因为老肖那阵子正好赚了不少钱，于是他就显摆起自己赚钱的本领，并不断地对老洪说："老洪，亏那点钱算什么呢？跟我混，不用半年，保证全赚回来。"

老肖一边说话，一边拍着胸脯，那得意的神情，别说失意的老洪看了不舒服，其他的人也看不过眼。

结果闹得大伙儿都很尴尬，话题明显越来越少，只听老肖高谈阔论。老洪更是低头不语，脸色非常难看，一会儿说去上厕所，一会儿说去打电话。

后来大家都早早散了，老梁送老洪出门，在门口，老洪忍不住愤愤地说："赚钱多很了不起吗？这么得意干什么？"

在失意之人面前说自己的得意事，这是不懂人心的做法。现在有些人就是不懂礼节，好像就怕别人和自己的关系太好，拼命地用自己的得意去衬托别人的失意。

老肖或者真的有心帮助老洪走出困境，但是我们必须清楚一点：人们做事能否成功，往往并不取决于动机是否正确，而是取决于方法是否恰到好处。

比如别人事业失败，跟你诉苦，与其以成功者的姿态来指导，不如告诉他，你当年跌得比他更惨，是一点一点又做起来的。于是他明白了"失败是成功之母"，便鼓足干劲，以图东山再起，相信他日一定会如你一样成功。

当然，你所说的可能不一定真实。但你必须知道，他人向你诉说自己的失意之事，只是想从你口中得到一番安慰。所以你讲一点自己的"失意之事"，让他们从你的身上看到自己还有"得意"的机会，就算说一些善意的谎言又何妨呢？

然而老肖当时完全没有顾及这些，他的张扬和得意，让老洪更加不好受。这到底是帮人还是损人呢？

我们不妨扪心自问：自己失意之时，若他人在我们面前大谈他的得意之事，我们的感受会怎样呢？

当你有了得意之事，不管是升了官、发了财，还是一切都觉得顺利的时候，都不应该在失意人面前高谈阔论，要体谅他们的心情。处于失意之中的人，对一切都很敏感，即使你是无心之语，也有可能会伤害到对方的自尊。

总的来说，我们在述说的时候，要注意面前对象的心情。

你和得意的人谈失意的事，对方可能会应付你，很少会表示真实的同情，甚至对方还有可能会误会，以为你是要请他帮忙，这样一来，他很可能就会预先带着防备心与你交流。

你和失意的人谈得意的事，这是不懂人心、不知趣的做法，对方会觉得你简直是在挖苦他、讥讽他，他对你的印象就会变差。

因此，如果你要诉苦，不妨找处境相似的人，同病才会相怜，同是天涯沦落人，彼此理解，这样才能得到精神上的安慰。

同样，如果你人生得意，则要找同样得意的朋友，一起出去庆贺。这样彼此才能玩得愉快自在，而不必担心出现话不投机的尴尬。有得意的事情应该和得意之人去谈，这样才志同道合。千万不要找失意之人诉说和分享你的得意。

你事业有成，当然是值得庆贺的事，但这种庆贺要适可而止，尤其不要在失意之人面前显摆，以免造成尴尬的局面。因为你的张扬，会引起失意之人的心理失衡；你的得意，会激起失意之人的怨恨。故而面对失意的朋友，要更加低调一些，这样才能融入朋友圈子中，不至于让朋友难受。

换一种表达，说中听的话

有个村庄的理发师，年纪大了，准备找个接班人，继续为村民服务，于是便收了一个徒弟。这个徒弟很认真，学习了3个月，便接了师傅的班，信心十足地上岗了。

第一位顾客来了，他规规矩矩地接待了，然后认认真真地理完了发。他感觉自己理得还不错，但没有想到的是，顾客照了照镜子，却说："头发留得太长了。"这句话让小徒弟有些不知所措。

这个时候，边上的老师傅笑着说道："头发长，使您看上去更加含蓄，这叫藏而不露，很符合您的身份。"那位顾客的脸色本来不太好，听了老师傅的话后，顿时笑了起来，高高兴兴地走了。

小徒弟给第二位顾客理完发，心里就有点忐忑了。果然，这位顾客照了照镜子，说："头发剪得有些短。"小徒弟有心辩解几句，但又怕引发争执。

这时，边上的师傅又说话了："头发短，才能显出您有精神，这个形象看起来更朴实、厚道，让人感到亲切。"顾客转嗔为喜，点头走了。

收拾起沮丧的心情，小徒弟接待了第三位理发的客人。这次，顾客没有挑剔，只是最后笑着对他说："花的时间挺长的。"小徒弟一下子就听出顾客的不满意，心里很委屈："还不是为了给你剪得好一点！”但是这样的话，他不能说出来。

师傅再次开口解围：“为大人物理发，自然要多花点时间。”顾客听罢，大笑而去。

吸取了上一次的教训后，小徒弟为第四位顾客理发的速度就加快了。然而，让他没有想到的是，这位顾客一边付款一边说：“动作挺利索，10分钟不到就解决问题了。”言下之意似乎怀疑小徒弟不够认真。

徒弟无语了。

师傅笑道：“时间就是金钱，如今这个时代，讲求的就是速战速决，我们理发店也要与时俱进，帮助客人赢得时间。”顾客听了，点头赞同，欢笑告辞。

晚上下班，小徒弟不解地问：“师傅，是不是我手艺还没有学到家呀？为什么每次都让顾客不满意？要不是您在边上为我说话，我今天说不定就会和顾客吵起来了。”

师傅笑道：“做我们这一行，顾客就是上帝。遇到挑剔的顾客，也很正常。所以，我们要学会随时解决这些问题，而解决这些问题的关键，就是会说话，会说顾客喜欢听的话。每个人都爱听好话，你把话说好了，顾客提出的问题也就迎刃而解了。你的理发技术已经合格，现在你要学习的是说话的技术，你明白吗？”

小徒弟仔细想了想，立刻明白了其中的道理。从此，他学习更加用功了，说话的技术和理发的技艺都越来越精湛。

面对顾客的挑剔，小徒弟总是无言以对，因为在他看来，自己确实没有满足顾客的要求。但是老师傅出马，说几句话而已，便轻描淡写地抹去了顾客的不快，让顾客开怀离开。这就是不会说话和会说话的区别。

其实，这种说话方式，妙处就在于改变思维，把坏事变成好事。我们做事，不仅要会干，更要会说。回想一下日常工作和生活中的琐事，我们不难发现，由于说话水平不同，我们所获得的效果和回报也大不相同。话说得好，让听者高兴，那么办事就更有效率，问题就更容易得到解决，回报就更高；反之，就可能造成麻烦。

仔细想想，如果那个小徒弟没有老师傅在边上解围，很可能就会和顾客争辩，又或者服从顾客的指点去返工，结果陷入吃力不讨好的境地——头发理得太长，重新剪短也就是了，但是头发剪短了，你没有办法让它当即重新长回去吧？

我们一直强调要去解决问题，有的人就觉得，解决问题非得实干不可，其实这样的观点是片面的。生活中的许多问题，其实都可以通过说话来解决。所以，有人说了：一句恰到好处的话可以解决一个天大的难题，改变一个人的命运；一句不得体的话，可以导致错失一个天大的机遇，毁掉一个人的一生。这话不是夸张，而是实实在在的。

尤其是在今天，在职场上，你每天都要和同事、领导、客户说话，在家庭中，你每天都要和配偶、孩子进行交流。会说话，你就能够和同事友好相处，与领导搞好关系，同客户达成协议；会说话，你就可以消除与配偶的误会，增进彼此的感情，和孩子拉近距离。总之，学会说话，说让人开心的话，会为你打开人生的另一扇门。

同样的意思，不一样的表达，带来的效果也不一样。好好揣摩理发师的说话艺术，从中你能够领悟到什么道理，得到什么启发呢？生活中经常会遇到问题，而其中有些问题的解决，只需要动一动嘴就可以了。把话说得好听一些，或者引导对方从另一个角度去看问题，这会帮助你挡下很多麻烦。

记住别人的名字，与人相处不失礼

经理办公室的门打开了，秦经理从里面探出身来，指着小陈道："那个谁……"小陈一指自己，连忙点头道："小陈。"秦经理点点头道："噢，对，小陈，你来一下，把这里的文件搬到吕组长的办公室里去。"小陈很快就将文件送过去了。

不一会儿，秦经理又喊："那个谁……"小陈说："小陈。""哦，对，小陈，你帮我找张主管要两份空白的客户合同。"小陈点头答应，把空白的合同送到了秦经理的办公室里。

小陈正要离开，正埋首办公的秦经理抬头看到小陈，叫道："那个谁，你先别……"小陈打断道："秦经理，我是小陈，而不是'那个谁'。"

秦经理一愣，有些尴尬道："对不起，这会儿太忙了，一时之间忘记了你的名字。实在很抱歉，小陈是吧？下次我一定会记住的。"

一直以来，人们都认为名字是代号，但是，若你的名字被人忘记，而总是被人称为"那个谁"，你的心情会是怎样的呢？想必肯定不会太好吧。所以千万不要在称呼上随便乱来，特别不要忘记别人的名字。

但是，我们的记忆力不见得总是那么好，总有忘记别人名字的时候，那么，这时该怎么办呢？荣先生就遇到过这样的尴尬，更糟糕的是，他对此束手无策。

那年秋天，荣先生到一个老乡家拜访，女主人指着旁边一个年轻姑娘问他：“你还记得她是谁吗？”荣先生望着面前这个文静而秀气的姑娘，头脑一片空白，他对她毫无印象，一时愣在那里不知说什么好。

女主人在一边说：“别着急，再想想。”那位姑娘也期待地望着他。在这种情况下，如果荣先生说不记得她了，对她算是一个沉重的打击。荣先生拼命想，可记忆仍是一片空白，他无奈，只好摇摇头：“不记得了。”当时，他很明显地感觉到那位姑娘的失落和难堪。

这个时候，女主人提醒他说：“香山，春游……”于是，荣先生的记忆闸门突然打开。

那年春天，荣先生参加了一次在京老乡的活动，这位姑娘也参加了，而且从香山回来时，他们一路上还说了不少话。怎么就忘得这么快呢？

其实也不全怪荣先生，她现在的模样与春天时相比有了很大的变化，发型、穿衣的风格都大变，显得好看多了。春天时那位姑娘给荣先生留下的印象是平淡，所以过后很快就淡忘了。他想起这事后，更不知道说什么好，当时场面极为尴尬。过后想起，荣先生就埋怨自己：当时怎么这么笨呢？

其实，当时荣先生完全可以通过一些巧妙的表达来救场。比如可以不提对方的名字，照常跟人叙旧，说：“看着很面熟，以前肯定见过，让我想一想……哎呀，原来是你呀！真对不住，没能马上想起来。不过你不能怨我，因为几个月的时间，你的变化竟这么大。真的，你比那时又漂亮了许多！”

这不算虚伪，也不是敷衍人家。这样做可以维持良好的氛围，也不会破坏对方的好心情。

如果荣先生这样一说，多半能补救刚才忘记名字的失误。可是很可惜，或许是因为荣先生那时还比较年轻，在异性面前总是紧张，没能够掌握说客套话的本事，结果让场面变得愈加尴尬起来。

在生活中，忘记别人的名字并不是什么奇怪的事情，很多人都遇到过这样的尴尬场面。这个时候，你要学会用客套话救场，化解尴尬。

以对方的发型、服饰发生变化为理由，夸赞对方一番。这是一个在想不起对方姓名时为自己化解尴尬的好方法，也会有效地缓和对方不愉快的心情。

在记不起对方的姓名时，也可以直接问对方。不过问的方式最好灵活一些。可以这样说：“你看，在这个世界上没几个人让我有兴趣再问一次名字，但你是为数不多的几个之一。请问你尊姓大名？”

待对方告知姓名以后，还可以再说几句：“哦，我就说嘛，明明在脑子里，就是说不出来，就怕一说，把你的名字说错了，那就太失礼了。”接下去就可说一些上次见面的细节，以引起双方愉快的回忆。

如果不好意思直接问对方姓名，还可以采用别的方法。比如，你可以说："你有名片吗？"当对方说"没有"的时候，你就可以将通讯录递给对方："我们以后多联系吧，请将你的地址写一下好吗？"这时对方就会把姓名也一并写下来。

当然，这些措施都属于补救方法，如果可以的话，你最好在与陌生人第一次见面时，就记牢他的名字。别人告诉你他的姓名，你可以重复一遍，或者一个字一个字地问一下对方，这样就比较容易记住对方的名字了。

在与人交往的时候，重视对方姓名，对方会高兴。在社交场合中，陌生人之间初次见面，会互通姓名，客套寒暄，气氛容易拘谨、僵硬。这时运用一些幽默语言，可使气氛活跃起来，双方很快就变得轻松自如了。

Chapter 11

第十一章

言为心声，让人喜欢你

自己有能力，沟通才给力

多年前，小王初进某报社做编辑。

同事中有位大姐，写作仍处于“今天天气真好，万里晴空飘着朵朵白云”的阶段，虽然文不如人，但她另有所长——每天上班时会搬出半尺厚的通信录，开始拨电话：

“张总，好久不见，哈哈！”

“李社长，最近忙不忙啊？”

同事出去开会，她总是拍着翅膀似的招呼打得满场飞，似乎所有人都认识，所有的遇见都是久别重逢，真是厉害！

认识久了，小王便了解了她经营友谊的方式：A的老婆得感冒，她会打电话联系B，请B帮忙找C挂个号。待B的孩子出世了，她也会帮B去联系D，买到便宜的纸尿布。

她用大量的时间照顾所有熟人的琐事，为自己攒人品和交情。她的口头禅是：多个朋友多条路。

比如有一次，某上市企业打电话到办公室，想邀请一名记者去参加他们的活动。结果，她在电话里跟对方死缠硬磨：“你们能再给一个名额吗？我这儿还有一个记者也想去……”

她磨了足足10分钟，对方碍于情面，最终答应了她。

挂了电话，她看到小王吃惊的眼神，不好意思地笑笑：“我想带我一个朋友一起去，因为上次她帮过我的忙，所以想多要一个名额，把她带上。”

她也曾这样把小王带上过。比如，她说请小王吃饭，当小王跟她去了以后，才发现买单的人不是她。

她把所有的聪明才智用在了人际关系的维护上，其实就是空手套白狼。但是，这也给人造成一种朋友圈繁荣的假象。

之后，小王离开了那个城市，与她断了联系。

前段时间小王在网上遇到同行，对方提起了她。小王问：“你也是她的朋友？”

对方闻言，嗤之以鼻：“有的人相识遍天下，好友烂大街，还是做她的敌人好，物以稀为贵。”

小王才知道，她混了这么多年，即将奔四了，仍租房住，仍没有嫁，仍锱铢必较地占便宜——一家公司换一家公司地打着工，工作、生活、写作都没有进步。她曾经结交过那么多朋友，铺过那么多条路，但谁也没能把她拉上阳光大道。

其实，她并不是不努力，只是太迷信人际关系的力量——若把时间花在其他方面，或许早有建树了。

一个庸人对于友谊最大的利用，不过是蹭顿饭吃，蹭件衣服穿，占点微不足道的小便宜。朋友就算愿意帮大忙，比如推荐你去做某公司 CEO，也要你自己有料啊——你的表现要不至于让对方蒙羞才是。

许多人只有一条路可走，那就是靠一己之力、一技之长埋头苦干，自给自足。如果有朋友提携是锦上添花，没有也不会太糟。

网上有一条成功法则这样写道：成功的你，收入是身边常联系的10个朋友的平均收入。我不知道这功利又武断的话出自何方，反正论坛、微博上到处都在转，可见很多人是相信的。

于是，大家越来越功利，削尖脑袋去结交比自己聪明、能干、有钱的朋友，以便帮助自己进步。可如果这种逻辑成立的话，像马云、马化腾这样的人就不能随便交朋友了吧，因为他们要是不小心认识了两个穷鬼，收入马上被拉下大半。

"近朱者赤，近墨者黑"有一定道理，但是不能本末倒置。更多时候，不是你认识了有钱的朋友你才变得有钱，认识了优秀的人你才变得优秀——而是你有钱后，才真正融入了有钱人的群体，成了有钱人的朋友；你优秀了，那些优秀的人才会自然而然地来结交你。

友谊应源于个人魅力、人格、品德、才学的互相吸引，而不是刻意地殷勤和巴结。你和谁在一起，和谁相遇，和谁有缘，生命都已经在可行性上先给你筛了一遍，那叫物以类聚。

奥斯卡·王尔德说：照顾好你的奢侈品，你的必需品自己会照顾自己。他的意思是：如果你能养得起奢侈品，你的必需品自然会有，根本无须操心。

我想说，照顾好你自己，你的朋友也会自己照顾好自己。如果我们不去竞选总统，不搞传销去骗人，那么，对于朋友的功能，我们无须奢求太多。

纠结症患者的自述

很多人喜欢问：我要不要学写作？我要不要去健身？我要不要学钢琴？

从表面上看，人们之所以这样纠结，是因为害怕付出努力得不到相应的回报，导致浪费了心力和时间。

然而，同样需要付出心力和时间的事，却很少听见别人问：我要不要去旅行？我要不要追偶像剧？

因为上述两个问题的前者要离开舒适的环境，需要一定的毅力，所以有句“黑鸡汤”说：努力未必成功，不努力却肯定舒服。

舒服吗？倘若你本是散淡的人，你会真的很舒服。但对于所有会纠结“我该不该努力”的人，其实非常不舒服。

那种“觉得自己本身不够努力”的病，会纠缠你，并且时不时地发作一下，令你陷入无力改变现状的自责、愧疚，甚至愤怒当中。

每次你都需要找很多理由和借口，为“不努力”开脱和逃避，才能缓解这种不舒服。可是，隔了几天它又会卷土重来。

这种情绪不会消失，它会一直伴随着你，直到你死的那一天——甚至让你在临死之前，回顾自己一生的碌碌无为，流下最后一滴忏悔的眼泪。

为什么有人将懒称为“懒癌”？就因为它是潜伏在我们生命里的绝症。如果你想被治愈，除了去做你一直想做又怕做的事，别无他途。

有人问小新为什么明白这种感受？他会说因为他也是这样的人啊！

在以前，小新一直在纠结自己该不该多花一点时间写作。其中好几年，他每年写作的量以发表不到两万字的龟速在前进。

他时不时对自己产生不满的情绪，一边觉得自己应该更勤奋，可一边又总是找各种理由安慰自己，“纸媒日薄西山，稿费那么低”，做一份正职已经够辛苦了，而某些人不上班也可以安然自得。人生苦短，这么辛苦干吗……

小新就在这样的纠结当中，浪费了好几年的时光。

然而，今年小新终于狠下心来，花了大量时间去维护一个公众号。做的过程真的很辛苦，其间也在不断怀疑自己：自己做的事情和付出的努力，真的有意义吗？

坚持到现在，也谈不上有多大的收获。公众号流量微不足道，不过多了一些发表在公众号的文章和一本新书的合同，一切并没有达到小新的预期。

所以，他会时常这样问自己：“花这么多时间和心力去写作，我后悔了吗？”

答案是他感到前所未有的后悔！后悔自己以前为什么要花那么多时间去纠结，为什么不早一点开始去努力？为什么不能果断一点？这才是导致自己现在这么辛苦的根本原因！

因为小新不够努力，自己和当初那些与他一起起步的作者，不可同日而语；因为总在纠结，错过了写博客、微博、公众号最好的时代。我唯独庆幸此刻我没有继续纠结，否则我必将错过更多。

王安忆曾说过这样一句话：写小说就是这样，一桩东西存在不存在，似乎就取决于是不是能够坐下来，拿起笔，在空白的笔记本上写下一行一行字。然后第二天、第三天，再接着上一日所写，继续一行一行写下去，夜以继日。要是有一点动摇和犹疑，一切将不复存在。

世间万事，皆是如此艰难。比我们更勤奋、更有天分的人，也在逐日逐夜、逐分逐秒与惰性作战，不敢懈怠。

为什么要努力？我想，首先是为了证明自己有能力征服自己。尔后，才有机会去试一试能不能征服其他事物。

所以，不用纠结该不该做。因为我们不去做，省下来的时间也没有拿去拯救地球，而是浪费在其他地方了，比如发呆、睡觉、追剧、游戏。

时间像个大蛋糕，吃一口少一口，但是我们不吃，它自己也会坏的。所以，想写作，那就马上打开电脑，敲下一行一行字。想健身，此刻如果躺在床上，那就先做几个仰卧起坐吧。

写一个字有一个字的成就，做一个仰卧起坐有一个仰卧起坐的效果。这些都意味着你正在向成功出发。

网友问："26 岁学习钢琴晚吗？"

我的回答是："对世间万物保持好奇与兴趣，永远有学习动力，是一种良好的人生态度。"

因为年龄而纠结学不学习、恋不恋爱、冒不冒险、跳不跳舞等事情的人，最先苍老的不是身体，而是他的心——年龄从来不是爱与自由的枷锁。

在这庸常的生活里，如果能保持一颗火热、积极的心，对自己很重要。

从来没有一份委屈是应该的

这篇文章是给老板看的。因为，他在微信上看过很多文章，全都是写给员工看的。

每天都有各种洗脑文、励志文，教你如何为公司不计回报地付出才会有收获，教你要怎样忍辱负重才会取得成功，教你要做到一二三四五点老板才会喜欢，教你要珍惜对你要求高的领导，还说痛苦和委屈能把你的心胸撑大。

这些文章，看得吴强很心塞。为什么从来没有人站出来写一篇文章告诉老板，应该如何做个员工喜欢的老板？

为什么总是要员工不计回报地对老板、对公司奉献和付出？

为什么老板不能先行一步，对员工好一点？

为什么没人写“请老板珍惜要求提出高薪的员工”呢？

为什么？因为他们写的都是宇宙真理吗？

不，我更相信的是，每个写这种文章的人后面都有个让他们害怕的老板，他们需要顺着老板的意思，讨老板欢心，写符合老板利益的文章。就算有些写文章的人现在没有老板，也担心将来会有老板。

我也有老板，但我不是那么害怕我的老板。就算有朝一日不干这份工作了，我也打算不准备再有老板，所以我比较敢讲真话。

最近我又看到一篇文章叫《没有一份工作是不委屈的》，里面引用了“打工皇帝”李绍唐的话：被骂是一种能力。

吴强超烦这种论调，当时就很不爽，心想：快快把作者叫来——如果被骂是一种能力，让我们助他一臂之力，一人骂他一句，他就有超能力了。

人常说，一个人要成功，必须要有强大的内心，但是受委屈和被骂与成功没有丝毫必然联系。难道你考大学真的是被骂出来的？找工作也是被骂出来的？

一个人能成功，更重要的是因为他发自内心的动力，而不是被动的什么理由。

总是有老板持这样的论点：“我骂你是为你好，我骂你你才会成长！”

要真是这样的话，被骂得最惨的那个人岂不是要成世界首富了？我更担心的是：老板，你现在很久没有被人骂了，会不会不成长了？

被骂不会让人变成功，被骂甚至不会让一个人的心理变强大——被骂只会让人越来越自卑，越来越充满负能量。我从没听说有人被骂成富翁的，但是，却有好几回看到员工被骂以后气不过一刀捅死上级的新闻。

好吧，这就是你们认为的强大！

许多老板看了乔布斯的传记，没有学会乔布斯的创新思维和创造能力，却记住了乔布思的严苛与暴躁。然后，他们就误解乔布斯的成功是：很会骂员工。

反正其他方面学不了，骂人最容易学呀，于是大家争相效仿。可是，如果老板会骂人就能成就伟大公司的话，中国的老板基本都会骂人啊，怎么没有一家公司变成苹果公司呢？

前段时间，我看到朋友圈里有个老板说，好领导就是要对员工够狠。

当时我就反驳他：一个团队，如果员工要靠骂来成长，说明他的团队全是庸才。

有能力的人都是骄傲的，只有觉得自己要靠拍马屁忍气吞声才能找到工作的人，才会对你俯首称臣。你觉得员工都是老板调教出来的，那就没有刘备三顾茅庐这回事了，爱谁谁呀！

你爱骂人也没什么的，但至少你得恩威并施啊！

可是，有的老板只懂威不知道恩。伙计恨得表面服帖、背地里使坏，你以为他真的怕你？他怕的是钱啊！你以为自己是乔布斯啊？乔布斯有才华，有天分，有人格魅力，有伟大的公司，被他骂也就算了。

可是，一般的老板如果只会骂人，开的工资又不比别处高，员工凭什么忍你，他是受虐狂吗？

以前，有个媒体朋友动不动就对我说：帮帮忙啊，快一点帮我供稿啊，老板又要骂我了。

我真的很同情她，她真的天天被上司骂，各种骂。我问她为什么不跳槽，才知道因为她的工资比同行高一倍。

对啊，她能忍受被骂不是因为她被骂得很爽，或是觉得会因此而成长，而是她的工资高——她老板不知道他每个月在向员工付他骂人的钱吗？这样的老板还算是好的，至少他多付了钱。

有的老板，开的薪水和同行一样，可是成天不知道有多威风，明明累得像狗似的替他赚钱，明明按劳取酬，他的脸色却臭得像后娘似的，仍要把你当叫花子对待，高高在上的样子好像真的是他在养你、施舍你。

不不不，施舍的人不会骂叫花子，而你其实根本连叫花子都不如。

这么威风的人，大多数还不是真正的老板，而是职业经理人，或高你一级的小主管，但他们偏偏会狐假虎威。老板只要求他苛刻八分，他更狠，非要做足十二分，先老板之忧而忧，后老板之乐而乐——在老板面前他唯唯诺诺，一转脸面对下属，眼神里时刻都像在说：你们给我好好干！

对于这种人，我只想说，希望你永远这么威风。

比如我一个朋友，她原来供职于通信供应商时，也有个非常威风、经常把她骂成狗的上司。直到有一天，她跳槽去了通信运营商那里，立刻，那个曾经八面威风的上司在她面前就乖成一只哈巴狗了。

这种例子太多了。

行业很小的，就算你永远不离职，永远蹲在这里做别人的上司，三十年河东三十年河西，你也不能保证你的员工永远不跳槽，哪天说不定还会变成你的客户，甚至你的上级呢。所以，何必为一份工作不留余地到让别人记恨你？

有人会说：你这么讲，是不是因为你确定文章不会被你的老板看到啊？不是，我的老板也是我的粉丝呢，我更新的每篇文章他都能看到。

好的上级，是让你能轻松、坦诚地做你自己的人。

如果你不幸遇到了一个坏老板，你千万不要觉得他无底线地侮辱你是应该的，你爹妈也没这样对你，他凭什么？努力工作自然没错，但跟对人永远排在做对事前面。

为什么会有人越努力越不幸，因为跟错了老板呗。没有一份委屈是应该的，也没有一份痛苦是必需的。

条条大路通罗马，可是你此刻在哪里

我有一个朋友，大学时他学了冷门专业。大学毕业那会儿，他曾获得一个很好的工作机会，然而，当时他一心想继续读研究生。

可当他念完研究生后却傻了眼，他发现根本找不到工作，投过无数简历却如泥牛入海——这个专业本来招聘机会就不多，而因为工作经验这项要求招聘单位纷纷把他拒之门外。

他没有料到读研的结果反而更糟。他看到大学同学现在都混得挺不错，有门路的研究生同学也找到了很好的工作，于是背着沉重的压力跑来找我倾诉："毕业半年了，仍不知道该何去何从。很多人都劝我不如退而求其次，先去做和专业毫不相干的工作，比如销售、金融之类的。到底怎么办呢？"

我对他说："在你家经济条件允许的前提下，我不建议你去找不相干的工作，因为它和你原来的就业方向背道而驰。做销售的工作经验，并不能帮助你在未来找到你所学专业的工作。既然你去面试被拒绝的原因是没有相关工作经验，那么，你应该先解决这个专业的工作经验问题。"

朋友说："他们不给我工作机会，我就没有工作经验，没有工作经验就找不到工作，这是个死结。"

我对他说："这不是死结，而在于你愿不愿意。你现在找的工作，都是你学的专业中最好的单位，你去诚恳地跟单位的负责人谈谈，你愿意给他们打工，实习期间可以不计辛苦、不计工资，只要他们给你一个职位。你恳求他，用你最大的诚意说服他。如果仍不行，换一家试试，相信我，一定会有单位要你的。”

朋友说：“怎么可以不要工资？我读这么多年书，考上一流大学，毕业了却要给别人白干……家里人会怎么想，同学会怎么看？”

我继续苦口婆心地劝他：“你如果在这家单位工作一年半载，至少能得到两种可能。第一种，如果你表现出众，让你的领导很满意，3个月以后他们就会正式录用你。对于人才，领导永远不会让他白干的。第二种，你获得了工作经验，再去其他单位面试，比现在容易多了。既然你读了这么多年书，又何必在意再付出一年的时间？我知道你现在压力大，可你不要去管别人怎么想、怎么看，忘记一切，专注自己的事，就当你这一年仍在学习。人生是一场马拉松，起跑慢一点没有关系，方向才重要。”

朋友被我说服了。几年之后，他已在这个行业立足，成为一家公司的项目负责人。

我当时之所以向他提出这个超乎情理的建议，是出于对他自身情况的了解和判断：他父母有能力多供养他一年，他暂时可以不为生计而苦恼；他的专业很冷门，他的文凭和专业含金量高，而且他很聪明勤奋，他只是没有任何门路和关系，缺乏工作经验和机会。

因此，这是他在当时处境中最快接近理想的选择。如果他不愿意少赚一年工资，而去迁就一份不理想的工作，一年以后，这个境遇多半不会有什么改变，他永远只能做他不想做的工作。

讲这个故事，我想说的是，这世界上有很多事是无法单独拎出来分辨是非对错的。比如，要先去赚钱，还是先赚工作经验？每个人会因为自己的位置和处境不同，给出不同的答案，每种答案可能都没有错，但它并不一定适合所有人。

如果有人问：我该不该不拿工资白干一年活？恐怕大多数人会说不该。有人会说这是扰乱劳动市场秩序；有人会说这是主动被剥削，违反做人原则；有人会说这样太自私，要让父母多养你一年；有人会说其实去做销售也很好……

然后，他就会在各种建议中被绕晕了，忘记自己最初想要去哪里。

条条大路通罗马，可是有人天生就在罗马。

你想要去一个地方，你去问陌生人你该怎么走：在海边的人认为，你坐船最好最正确；有钱人认为，你坐头等舱最好最正确；铁路边上的人认为，你坐火车最好最正确；生在那个地方的人会认为，你走路最好最正确。听从了他们的建议，也许你离目标更远了，而且还浪费了搭车钱……

这个世界上，不是每个人都有一样的条件，最重要的是：你坚持一个正确的方向，用自己的办法坚信不疑地走下去，总有一天会抵达目的地。

有一段时间，网络上为“大学毕业的实习生该不该替老板拿盒饭”这件事吵得难分难解。其实，大家说得都有道理，既可以选“该”，也可以选“不该”。

如果你想快速提升业绩，在那样的团队中可以学到很多经验，那么，拿盒饭打杂只是获取经验很小的代价；如果你想写剧本，当编剧，但老板永远只派你拿盒饭、打杂，根本没给你学习机会，那就是浪费时间。

拿盒饭本身是无关对错的细枝末节，而决定这个问题对错的，是你想要往哪个方向发展。

为了理想，拿盒饭又有什么不可以的呢？许多大人物身处困境时也能够卧薪尝胆，如果你觉得你比别人受过更多的教育，结果却做一些打杂的小事，这是对自我的设限。

教育不是对一个人的设限，而是令一个人更有弹性，眼光看得更远。人生有很多种可能，让你既能干粗活，也能动脑子；既可以放下面子，也可以为走得更远放弃眼前的利益。

我这么说，并不是鼓励大家没事都去找点粗活来干，或者白干——而是说，如果它是你通往理想的必经之路，你又没有更好的选择，那么，不必太拘泥于无关大局的小事。

一个人不管是给别人端饭也好，不拿工资工作也好，有朝一日你成功了，这些过往都会变成你的美德。就像人们传颂成功者的卧薪尝胆和忍辱负重，为理想所做的付出会成为你的人生勋章。

不过，如果你的初衷只是想开开心心地做个小职员，过平凡人生，那就完全没必要在自以为是的老板手下做受气包了。你可以找一个平和又亲民的老板，说不定他还会为你拿盒饭呢。

所以，一件事的对与错，取决于你是什么样的人，你想要达到什么样的高度。

你不用花太多时间去考虑和争执具体细节的对与错，只要大方向是对的。比如，如果你想结婚，那就不用介意对象是朋友介绍的还是自己认识的，结果是殊途同归。

反之，当一件事和你的人生方向背道而驰的时候，不管它表面上看起来有多美好和诱人，人们怎样众口一词地说它正确，你也要懂得拒绝或放弃。

比如，有个文友和我一起开公众号写文章，写着写着，他就到另一个网站剪辑视频了。因为收入很可观，他好心地建议我也去。

我不假思索地拒绝了，因为这有违我最初的方向，我只是想写好文章。我想去的是罗马，哪怕艰难跋涉，我也不能因为迎面驰来一辆车随便就上，坐车会比走路舒服，可它和我去的不是一个方向。

还有一个网友，她一直想从事文字方面的工作，可是，当她面对另一份和文字没有关系但是表面光鲜的工作时，她开始动摇和纠结了。

当你无法专注目标和拒绝诱惑，你就可能会花很多时间纠结于各种选择上、分辨是非对错上，就会走上弯路，开始浪费时间。目标明确的人，表面上看起来要放弃和失去很多，但他永远会比东张西望的人更早抵达罗马。

永远瞄准初衷，这是我用于衡量一些无关道德的选择时的标尺。在人生的十字路口，当你不知道何去何从的时候，就想一想自己最初的方向。

潜台词表达法，使沟通更有效

我进目前这家公司之前，是自由撰稿人。那是纸媒最好的时代，当时，每个月只需花一周工夫写稿，就可以过得很滋润。

我之所以会出来找工作，纯粹是由于闲得太无聊了。自在诚可贵，时间久了也有点腻，某一段时间，我开始向往朝九晚五的规律性生活，就想找份工作，尝尝被人管头管脚的滋味。

我想找个好玩的工作，做个一年半载，体验一下生活。于是我上了一家本土网站，去他们的招聘频道看，结果一打开就发现，这家网站正在招聘论坛管理员。

那时候我也玩论坛，马上被这个职位吸引了——我在别的论坛还自带干粮当版主呢，这里让我当版主还给钱，多有吸引力的工作啊！于是，我没有再看别的招聘信息，不假思索就加了网站主编小雷的QQ。在网上聊了一下，我们一拍即合，他叫我直接来上班。

网站给的工资很低，不到写稿子的1/3。但我不是很在意，不让我加班就行——这样，我写稿就可以补贴生活。

上岗之后，我发现部门的领导、同事都很友善，工作内容也很有趣。我开始制定论坛的游戏规则、奖惩制度，构建虚拟币、银行、利率……我就是这个论坛的统治者。

当时，公司还没有实行打卡制度，但我每天总是最早一个来，最后一个走——不是由于敬业，而是由于工作好玩。

上了一个多星期班以后，小雷跟我说：池总今天会过来，他要和你谈谈。然后我才知道，我们网站还有一个更高级别的老总，我只是一名底层员工。

大人物要过来和我谈话，我心里不由觉得紧张，想着一会儿要如何应对才好。

结果，池总到快下班时才来，一进门就说：“鲁西西，你好，欢迎加入我们团队。今晚我请你们几个吃饭吧，去香格里拉吃自助餐怎样？”

几乎是猝不及防啊！

我还在想象老板驾到会给我一个什么样的“下马威”，或是怎样严峻地拷问——结果他一来，什么也不说先请吃饭，还是在香格里拉——在当时是福州最好的自助餐……他太懂得底层员工的心了——作为穷人的我，往往觉得自助餐是最高的礼遇。

而且，就餐氛围也出人预料的轻松，完全不像在和老板吃饭——他是跟我谈话了，不过不是谈工作，而是谈糕点和生蚝。

吃了两轮，大家已停下来。彼时，我还是个生猛的吃货，觉得来一趟香格里拉一定要吃回本。我再一次拿起盘子，小声地问：“你们要冰激凌吗？”

别人都说不要，池总想了想说：“我应该还可以吃一个冰激凌。”

等我把食物取回来，池总吃得很慢。我忽然之间会意，他并不是想吃，而只是觉得我一个女生不断地在吃会不会不好意思或太尴尬，才跟着要一个的。吃完饭，池总开车将我们逐一送回去，先送女员工，后送男员工。

请员工吃饭的老板有很多，但是每次吃完饭将员工一个一个送回家的老板，我只见过池总一个。

后来，我才知道池总并不是真正的老板——他曾经是我们网站的创始人，我们老板请他指点我们工作。现在他在另一家上市公司做老总，很忙，基本要好几个月才能见到他一次——我们这里，只是他微乎其微的友谊“兼职”吧。

很多员工见老总如老鼠见猫，我们却像留守儿童盼着爸爸一样盼着池总，因为他每次来总会带我们去美伦华美达大饭店、世纪金源大饭店等吃好吃的。有时他所在的公司发福利，他会特别开车绕过来给我们送一箱橘子或者蛋糕，让大家分着吃。

当然，我们盼望池总的缘由，也不完全是馋。我们觉得将工作的困扰、辛劳跟他倾诉一下，就能得到安慰，因为我们知道他是懂得的——像一个慈爱的长者，每个孩子都想得到他的关注。

我从来没有听他骂过任何人，甚至连带着居高临下意味的话都没有说过。

有一次，我向池总说起另一个同事在某项工作上不配合，他在电话里说：“我明晚请你们俩一同吃饭吧，你叫上他。”

又是吃饭，3 个人放松地闲谈，基本没提工作，那同事完全不知情，可能还误解这顿饭是老板在嘉奖他。

池总只是在饭局快结束之即，轻描淡写地问我那位同事：“最近很忙吧，能不能安排点时间把鲁西西的这件事做一下？”那同事开开心心回去后，很快把我的事情给处理了。

不对立，不苛责，举重若轻之间，用协助，用安抚，将工作的矛盾化解。遇到这样的老板，是我们的幸福，员工的尊严、情绪，被老板慈悲地、最大限度地保护着——我们也报答他，用薪酬无法购买的忠实和心底由衷的敬仰。

后来，他不再管理我们，我们对他的敬爱与忠实，延续为对工作、对这个网站的热爱与忠实。我曾经以为只是玩票的工作，不承想竟然做到了今天，即便中途有更具实力的公司开出更好的条件让我跳槽，我也没有去。

还有网站的兼职程序员，他在其他公司做事，年薪几十万，但在我们公司一年的兼职工资只有两万；网站的兼职管理员，在某上市公司做管理层，在我们公司领1000多块的零花钱，替我们长期打杂。

这都不是为了钱，是为了情。

想起很多年前，有一天我在公司楼道遇见池总，我先向他打招呼：池总好！

他看到我，连忙解释："对不起，刚才你站在暗处，我没有看到你。"

我很感动，竟然有老板由于没有先向员工打招呼觉得要道歉的——多少老板不过用合理的报酬换你的劳动，就以衣食父母自居，就要你感恩戴德。

池总的亲善态度对我们影响深远，管理风格也在后来被我所效仿，我们部门的人虽然偶尔也会争论、吐槽，然而一直保持平等友善、亲如兄弟姐妹的工作氛围。

这群同事，我们可以无话不说，一言不合就聚餐，或结伴旅行，每个人过生日一同吃蛋糕，过圣诞节互送礼物——不是那种假惺惺的亲热，是可以没心没肺地互相开玩笑，仿佛仍在校园读书的死党时代。

一个部门的气场、氛围，来自它的灵魂人物——我们的氛围，很多年前已被池总定了。

在这样的氛围里，我们不用磨平棱角去顺应谁，不用为钩心斗角而耗费时间和精力去假装变成另一个人。所以，每个人能最大限度地保留自我和性情中率性、纯真的部分。

我写这篇文章，并不是想讨好池总，他不在我的朋友圈，我们大约有两年没有联系了。我只是感怀，这艘曾经热爱和坚守的大船，现在我看着它，难过，却无能为力。

我曾经对一个行政经理说，有时想到要离开一家本人努力付出过的单位，心境是无比纠结和难过的，就像离婚——跟一些过往，一些记忆，一些人和事，彻底断开了。

感谢你，池总，给了我一段那么温暖的职场体验。

情商高就会懂得怎样发脾气

我有一个同事，曾被另一个同事称赞“懂得发脾气”：他平日对人热情友善，嘴巴很甜，还经常请大家吃零食、水果。于是，有人误会他脾气好，试图跟他开一些越界的玩笑，结果他当场就变脸——某些时刻，他的脾气也大得惊天动地。

渐渐地，所有人明白了，他可以对所有人都好，但是一旦侵犯到他的尊严和利益，他也是会认真反击的。因为这种人际关系上的分寸感，反而令他在和大家保持良好关系的同时，又能获得别人的尊重。

有些人认为，发脾气是个负面词语，情商高就应该永远压制自己的情绪。事实上，在一个群体里，做一个永不发脾气的老好人是一件吃力不讨好的事。倪匡也说：最讨厌的，是天天发脾气与永远不发脾气的女人。

其实，男人也一样。

永不发脾气，不代表你能赢得所有人的友情，反而往往只会沦为受气包——大家觉得你没有底线，什么玩笑都可以开，什么人都会来欺负你：因为你不会生气。

那么，什么时候该发脾气呢？

比如让你觉得很不爽却仍在发生的事，要发脾气；比如要第一时间表明立场的事，如果表明立场了还是解决不了，就有必要采用慷慨激昂的态度，甚至发脾气。

工作的时候，我要同时回应十几个同事的QQ，但我对别人在非必要时滥用窗口抖动这个功能较为反感。

有个同事，每次在QQ上找我，上来一言不发就先抖我一下，等我问她什么事，她才开口说话。可能她觉得这样比较省事，可以第一时间找到对方。

她第一次抖我，我没有生气，只是对她说："别一上来不说话就抖我啊，我不喜欢被别人抖。"

她听了没有放在心上，过了几天，又在QQ上一言不发先抖了我一下。我有点生气：不要一上来就抖别人，有点不礼貌哦！

她仍没有放在心上，第三次还是这样。

我觉得必须教训她一下："你这种人是不是很自私？为了能省自己几秒钟，一上来就先抖别人，以便别人第一时间回复你。可是我QQ上有十几个窗口同时在线，我要按先后次序回复，你抖一下，相当于你在插队——然后我的次序就乱了，忘记哪些回复过，哪些没有回复过，还要一一查看。你省了几秒钟，却浪费了我更多的时间。"

好了，至少下一次她再找我的时候，不随便抖我了。

有些人不愿得罪别人，因此会强行去忍一件一再使自己不爽的事，其实是在酝酿一场更大的危机——

因为你不说，对方不知道这件事会让你不爽，所以，他会重复做同样的事让你不爽。然后，你还是在忍，你的不爽不会消失，反而会升级——你会变得很反感他这个人，不满情绪在其他方面表现出来：就是对他态度不好，工作无法配合到位，或者在背后说他，最终你仍然无法和他好好相处。

发脾气未必会得罪人，只要你发完之后能够适当地“收”一下。比如你慷慨激昂之后，对方能认识或改正错误，我们也要温柔地示好：我知道你一定也很忙，手上工作太多了，大家都不容易。

对方改正之后，你要表示感谢和肯定：谢谢你对我的支持和理解，之前有分歧，只是因为大家看问题的角度不同。

只要对事不对人，只要改正仍是好同志——没有心结，没有怨怼，大家才能合作愉快。

涉及重要利益的纠缠，就算不生气也要发脾气。

这一点，服装店的老板运用得很好。记得以前去服装店买衣服，一到出价的环节，我都不由自主地战战兢兢，因为那些店主一言不合就会怒发冲冠——她们生起气来的样子很吓人，好像你出的价格足以侮辱她全家，已经到了与你不共戴天的地步。

现在才知道，她们不是真生气，这不过是一种心理战术。

我在工作中经常遇到谈判耗时耗力且没完没了的事，特别是当对方是个外行，跟他完全讲不清楚的时候，时间都浪费在无谓的沟通和纠缠上了。

后来我发现，在这件事情上，无论我有多少道理、多么正确都没有用，只有在我很生气地发脾气的时候，才能达成一致。这时候，我意识到我在扮演服装店老板的角色——有很多事，对方在审时度势中是以你的态度来做决策的。

正如咪蒙在某文中提到，一次她去购物，她问店员买的东西过了保修期怎么办？店员教她一个秘诀：只要足够凶，一来就拍柜台，大吼“叫你们经理出来”，这样，不管过了多少天，都可以换货。记住，不能语气平静，不能讲礼貌。

说这个例子，不是支持大家为了争取利益要去无理取闹，而是想说：这个世界上有些人真的欺软怕硬、看人下菜碟，会根据对方的态度做决定。

还有一个故事：某工厂里有两个蛮横的员工，为了一点点羊肉分配不均吵得不可开交，先闹到领导那里，然后闹到工会那里。两边都不是善茬儿，别人怎么摆事实讲道理就是不听。

后来来了一个领导，比他们更凶，他找人买来 4 斤羊肉，摔到他俩面前，大吼一声：“一人两斤，滚！”两个人这才老实了，夹着尾巴走了。

这年头，从不发脾气也是行不通的，有些事没办法好好说，非得激烈地表达出来，才能被对方接受，才能达到效果。

人人都很忙，没有人认真推敲和揣摩你的心意，非得简单粗暴地说出来，发一发脾气，对方才知道你真的有苦衷，同事才知道你有多辛苦，恋人才知道你真的很爱他，谈判对方才知道你真的吃亏了。

脾气人人都会发，懂得什么时候该发脾气，对什么样的人发脾气，却是一门艺术。如果你把握不了分寸，还是先少发为好。

懂得管理情绪才是聪明人

我有一个朋友，他总是在该发脾气的时候不发脾气，不该发脾气的时候乱发脾气。

比如，他辛苦地加班干活，一起合作的同事却独吞了这项工作的奖金，且不止一次。我觉得这时候，他应该表明态度，对同事说NO。可他觉得没什么，主要还是不好意思，因为钱又不多，没必要斤斤计较——要了会伤和气。

可我认为这是原则问题，和钱多钱少没有关系：钱多的时候，不该这样；钱少的时候，也不该这样——如果你没有第一时间亮出你的底线，对方就会一次次得寸进尺，这次吞你一张饼，下次吃你一个瓜，胃口越来越大。慢慢地，他会习以为常，完全意识不到自己有错，因为你从来不生气。

有些事，你为什么非等到忍无可忍才去翻脸呢？这样的人，你早晚会得罪，你越晚发脾气，你的损失会越大，你们之间的裂缝也会越大——他不会因为你前9次都让着他，最后一次不让着他而体会到你的良苦用心，反而是更不高兴。

我以前有个同事，她开了一家化妆品店，时不时有亲戚和朋友去她那儿买一包吸油纸、一支护手霜什么的，反正都是一些廉价商品，有些价格也就几块十几块而已，但她每次都坚持收对方的钱。

她说得好：既然是买卖，就算只是一块钱，也必须给我。哪怕我们关系再好，我宁愿最后将这笔钱全部拿出来请你们吃饭，也要收钱。卖东西就要收钱，这是我做生意的原则。

是啊，如果她没有这个原则的话，那些今天向她要吸油纸的人，明天会向她要洗面奶，后天跟她要眼霜……且一传十、十传百，用不了多久，她的店估计就会关门了。

我那个不好意思对同事发脾气的朋友，这次被同事吞了500块，下次可能会被吞600块。其他同事呢，看到有人这样做他也没什么反应，会不会误会他视金钱如粪土，也效仿呢？

所以，在同事和朋友这些你经常打交道的人际关系中，要建立彼此交往的次序和界限，这是为了避免以后发生重复性的伤害，产生更多的误会和损失。

就是这个不好意思和同事发脾气的朋友，同陌生人发起脾气来又变得特别好意思了。比如，他骑电动车在路上跟别人发生磕磕碰碰的时候，总是会勃然大怒，与人发生口角。据说，这是所谓的路怒症，很多人都会有。

然而，这种脾气是我最不建议发的。为什么呢？

骂人是为了骂人吗？骂人是为了让对方改正错误，避免再犯。但因为对方是陌生人，你没有义务去教育好一个萍水相逢的人，不管你骂不骂他，他再次冲撞你的概率几乎是零。

更何况，你和陌生人吵架，是将自己置于一个非常危险的境地：因为你不知道他是一个社会混混还是一个精神病人，不知道激怒他之后他会出现哪些过激反应……

我并不是危言耸听。有些人误会说，对陌生人发脾气是不需要买单的，可以恣意宣泄——可一旦买起单来，代价巨大。

我曾经看到一条真实的视频：一个女人在路上和陌生男人发生了轻微碰撞，本来双方已经准备走了，就因为女人骑上车时信口骂了一句脏话，被瞬间暴怒的男人从电动车上拉下来，活活打死了。

还有一条新闻：一个推婴儿车的女人和一个开车的男人发生口角，结果那个男人冲出来，将婴儿车里的婴儿摔在了地上。

这种案例不少见。什么是无妄之灾？这就是了。明明是微不足道的小矛盾，却引发了惊天大祸。

这些新闻让我意识到，路人是易怒的，也是危险的，所以要记住：惹不起，躲得起。对于路人，在一些小摩擦上我们应该多点忍耐，不要轻易发脾气，因为未来我们不需要和他们打交道。

当你不知道哪些脾气该发，哪些脾气不该发的时候，可以用一个标准来判断：发脾气的初衷应是为了解决未来的问题，争取重要的利益，是为了建立长期规则或达成某种共识，而不仅仅是为了纯粹的情绪宣泄。

不该发脾气和少发脾气的情形包括以下几方面：

一、家人。如果你相信家人是真心爱你的，无论在这件事上他是有意犯错还是无意犯错，是单次犯错还是重复错误，你都应该多包容，而不应该发脾气。

相反，你要好好和他沟通，因为他对你没有恶意，不会存心让你不高兴——如果他改不了，说明他无能为力，你就多想想他其他方面的好吧。

二、无心之失。同事不小心弄脏了你的衣服，不小心弄坏了你心爱的物品，你确定他不是故意的，就算生气也要原谅他。

三、无法挽回的损失。爱人因为贪心被骗子骗了一大笔钱，你要发脾气就是火上浇油了。相信闯祸的人已经很自责，不用你多说，他往后也会变得警惕。

四、无关原则的鸡毛蒜皮的事。比如他约你去吃饭，最后不买单。这种事不用生气，下次不和他去吃就好了，因为你可以单方面控制同样的事再发生。但有些小事情也需要发脾气，是因为要防止它重复发生或扩大化。

五、因为生病和缺陷导致的错误。比如我非常健忘，经常会忘记关空调、关门什么的。家人因此批评我，我回答：我记性差，你以为骂我，我下次就会记住吗？

我每次忘记带手机了，回家拿手机的路上，就已在心中狂骂自己一百次了，但仍然会不断地忘记带手机。如果你真想改变我，多买点燕窝之类的补品给我，帮助我恢复一下记忆力吧。

不会调节气氛，与你沟通将会非常无趣

不论是谁，都曾经遇到过让自己尴尬，或者让对方窘迫的场合。在沟通过程中，这种遭遇非常有损沟通效果。但我们如果能适当调节现场气氛，巧妙化解这种尴尬，那这场沟通则会变得有惊无险，而且还非常值得回味。因为，一个不会调节现场气氛的人，给沟通对方的感受就是缺乏灵活。而如果善于调节现场气氛，则又让对方感受到我们的智慧与聪明，从而愿意与我们多交流。

1969 年，美国发射登月卫星，并成功实现载人登陆月球。这两位登陆月球的人就是阿姆斯特朗和奥德伦。在某种意义上说，这次登陆月球是他们两个人共同的荣誉，没有前后也没有早晚。但是，从太空舱内走出时，阿姆斯特朗在前面，他第一个以地球人的身份踏上了月球，从而使整个美国乃至于世界都记住了他的名字，却将奥德伦抛于脑后。

从月球返回地球之后，阿姆斯特朗变成登上月球的第一人，并且成功留下了“我的一小步，是人类的一大步”的名言。当两个人同时接受记者采访时，一名记者当面问奥德伦：“你们是一起登上月球的人，但因为阿姆斯特朗比你早出太空舱，他就变成举世瞩目的登月球第一人。为此，你不觉得遗憾吗？”

记者的话刚问完，全场都变得异常安静。坐在一边的阿姆斯特

朗也一脸尴尬。在这种场合，大家都认为不应该用这样的问题来为难两位航天员。这不仅会让奥德伦很没面子，也会让两个人的关系变得微妙。问题问出来了，大家不知道如何来化解，只是静静地等着奥德伦做回答。

出乎意料的是，奥德伦并没有感到为难。他看了看大家，再看一眼不好意思的阿姆斯特朗，然后笑着说："难道大家都忘了吗？虽然阿姆斯特朗是第一个踏上月球的地球人，可是，作为从外星球回来的人，我却是先出太空舱的。所以，我是由别的星球踏上地球的第一人。"

奥德伦的话一说完，全场人都笑了。一场让人尴尬的采访，也因为奥德伦的这一句话而变得温馨美好起来。

所谓天有不测风云，人有旦夕祸福。没有人知道在什么时候就会遇到这种尴尬的场面，特别是与不熟悉的人进行交流时，那些冷场、陌生、窘迫更是如影相随。若没有一种随时化解尴尬，调节现场气氛的本领，实在称不上是沟通的高手。像奥德伦这样，用善解人意的方法，风趣又别出心裁的语言来调节现场气氛，给每个人以圆场，那么，这场沟通也就可以画上最圆满的句号了。

当然，成功调节现场气氛不是我们天生就会的，有时甚至还会因为情绪等问题而忽略这场尴尬。可这时的我们，很可能给人留下无聊、小气、不够聪明的印象。反之，我们若能时时注意，并尽量将与对方之间的关系进行把握与调节，则能缓和紧张氛围，拉近与沟通者的距离。

那么，这种调节现场气氛的方法有没有规律可循呢？答案是肯定的。只要我们够用心，这种轻松把握现场气氛的能力是很容易获得的。

总结起来，具体方法可有以下几个方面：

1. 幽默最能缓和气氛。现在人际关系都比较复杂，在沟通过程中，很容易因为不小心的说话让大家陷入尴尬境地。当所有人的眼睛都盯向我们，或者双方之间瞬间出现冷场的时候，我们不妨勇于自嘲，用幽默的口吻来打破窘境，以给大家寻找下台阶的梯子。

2. 答非所问改变话题。有时候，两个人之间之所以会出现尴尬，就是问题问得不到位，对方不容易回答。但如果我们能巧妙地避开问题本身，用其他答非所问的话题来改变沟通障碍，这样双方也自然就都没有尴尬可言了。

3. 给自己解围。重视沟通的人是善于给自己解围的，当双方之间出现冷场，或者情绪改变，我们不妨勇于为自己解围，让对方在我们身上看到改变的诚意，这样就可以很好地拉近彼此之间的距离，于是冷场也就随之化解了。

4. 学会反问。与人沟通，不仅要帮助对方走出尴尬，自我的尴尬也同样需要化解。除了解围，不如尝试使用反问的方法。这样只问不答的说话方式，很容易让对方领会到我们要表达的真实意思。这既能让对方不小看我们，还能让自己保持尊严与智慧。

沟通，其实就是人与人之间的交流。简单的对话人人都会，但顺畅的沟通却不是人人都精通。对于身在职场的我们，沟通就是一场竞争，它不但考验一个人的能力大小，更能体现职场生存的智慧。

沟通能力不同，得出的结果便有天壤之别。沟通顺利的，双方不但关系良好，而且合作、心情各方面都特别舒适。而沟通不畅的，不仅自我内心有挫败感，还会将对方惹得不高兴，甚至让双方矛盾升级，进而导致重大后果。

古时候，人们常说“武死战，文死谏”，所谓“文死谏”其实就是臣子与天子之间沟通不畅导致的悲剧。这就如同52航班与肯尼迪机场所产生的误解一样：我不知道你的意思究竟表达了什么，也从你的声音、语调中听不出着急的意味，自然，我们之间的理解便产生了极大分歧，最终所得到的也就是严重后果了。

在善于沟通者眼中，只要做简单的3件事，不论职场还是人际，所有沟通不畅问题都迎刃而解了。

那这3件事是什么呢？它们就是：

1. 尊重对方。以尊重为基础，是沟通的前提。对方在我们这里得到足够的尊重时，就会产生与我们进一步沟通的意愿。

2. 有话直说。我们想要让一个人明白自己的意愿时，最好的方法就是有话直说。如此，与他人的沟通也就产生了误解，导致双方无法顺利沟通。

3. 不要乱讲话。虽然顺畅沟通的条件是有话直说，但并不代表不该说的也乱说。这对于职场新人最有提示作用，因为乱说话，往往给人留下肤浅、没素质的感受，从而加深内心对我们新人的抵触。这时再想要顺畅沟通，就很不容易了。

想要顺畅沟通并不难，只要做到以上3点，就可以让我们与他人之间减少矛盾，降低问题出现的概率。

千万不要做一个说话“太”有趣的人

同一间办公室的男同事演技一流，表情丰富，说起段子来总是让我们笑得前仰后合，以至有一年，他在公司年会表演时被电视台的导演看上，让他上电视台演了两集情景剧。

这样的人，人缘通常很好。谁不想有个好玩的朋友，有事没事就博自己一笑。于是，我们办公室的同事，要么成为他的好朋友，要么成为他的女友。

这是一件多好的事啊！有趣的人就是魅力四射、老少通杀。

不过，剧情的狗血之处在于，大家根本不知道他在办公室里发展了女朋友，而且一发展还是两个——两个女朋友都自发为他隐瞒，走的是“地下情”路线。

有一天，当真相无法隐瞒，我们剩下的这8个不是他女朋友的人，瞬间三观尽毁。这么狗血的故事，就在大家的眼皮子底下发生，我们却毫不知情。

没过多久，我们又发现在楼下的其他公司，他也有一个女朋友，还有一个他想让其变成女朋友……

所以啊，你觉得有趣的人吸引你，你义无反顾地冲他的有趣而去，此时要清醒地知道，其实他也在吸引别人啊！

柴静曾经采访过一位女作家：“为什么选择和一个盲人歌手在

一起？”

女作家的回答是：“王小波的小说里写道，一个母亲对女儿说，一辈子很长，要跟一个有趣的人在一起……”

这个回答无可厚非。可惜她和他的故事却没能延续一辈子，在一起 4 年后他们分手了。据说，是那个盲人歌手劈了腿。

我讲这两个例子，不是想说所有有趣的人都会花心，而要表达的是，在每个人面前都表现得那么有趣的人，很可能本身就存了三心二意之心。

首先，让自己看起来有趣，需要具备两点：一、在口才方面有天赋，肯努力表演；二、试图取悦他人。

就是说，很大一部分人其实都具备让自己变得有趣的能力，如果他在人前显得那么无趣，只是因为他不想取悦对方。

比如周星驰，应该算是有趣的人吧？但是，在现实中和他打交道的人，都说他是个乏味的人。

是不是他一不拍戏，有趣的能力就消失了？

不不不，只是他觉得没必要。作为一个演员，他首先要取悦的是观众；其余时间，他可能觉得没必要这么有趣。毕竟，有趣也是一种力气活啊！

如果我愿意花力气、用点心，是可以在文章里妙语连珠的。但是在生活中，我其实也是个乏味的人，因为我要把我的有趣留给我的读者。

当然，遇到喜欢的人，或心情好的时候，我也不介意有趣一下。

所以，有趣不过是一种可以习得的技能，是一种表演。对一个人有趣是专情，为工作有趣是敬业。

在所有时间、所有场合，到处表演有趣，就像孔雀开屏是为了求偶——当一个人有趣四射的时候，其实就是在公然撩拨所有人，对所有异性发出一个信号：看看看，我多幽默、多有趣，快来喜欢我啊！

这就是很多看上去那么有趣的人，往往却是滥情之人的原因。

相处得时间久了，熟悉了彼此搞笑的套路，你会发现原本让你觉得那么有趣的人，远不如初见时那般有趣，随后其他的缺点也会慢慢浮出水面。

一辈子很长，你真的要为有趣这样一个脆弱的理由，去义无反顾地爱一个人吗？

这是你在年轻时值得去犯的错

每个人都有梦想。

然而，我们最想做的事，往往是普通人世俗地认为很难以此赚钱维生的工作，比如写作、唱歌、演戏、画画、游戏、跑步……当你胆敢向周遭的亲友宣布，你想做以上其中一种工作，至少会有一大半的人斩钉截铁地告诉你：这不可能，你别傻了。

于是，这导致很多人站在梦想与现实之间变得举棋不定——我要不要做我喜欢的事呢，可是养不活自己怎么办？

怎么办？我现在来告诉你！

大约两年前，有位作者跑来问我这个问题：“因为工作的杂志社倒闭，我失业了。现在要去起点网写网络小说，我想用几年时间去试一试，你觉得我行不行？”

这位作者是我熟悉的朋友，之前在杂志上发表过很多文章，出过几本书。可是，以我对他写作天分和努力程度的了解，我十分肯定且确定地对他说了 3 个字：“你不行！”

以我们的熟悉程度和他的性格，他允许我这么直言不讳，所以，他毫不介意地追问我：“为什么，可以详细说说吗？”

我向他解释：“假设去做生意是十分之一的人赚钱，做网络写手就是千分之一的人赚钱，买彩票就是万分之一的人赚钱。虽然做网络写手赚钱的机会比买彩票会多一点，但你干吗不直接问我，你用一生去坚持买彩票，赚不赚得来钱?

“是啊，报纸上也常常报道谁谁中了几百万的大奖，就像报纸上也会报道有网络写手一年赚个100万那样。你非要以为那个人能是你，我也没有办法。”

他听完很沮丧，似乎打算放弃，结果我话锋一转：“重点不在于此，重点是你去写网络小说，几年没有收入会饿死吗？”

他告诉我：“不会，我单身且有积蓄。”

我不假思索地说：“那你应该去做想做的事。当你做了这件事情，既不连累别人又不会饿死的情况下，应该去为梦想试一下。”

接着，他问我：“为什么？”

我认真地回答他：“我支持你去写作，并不是因为我认为你一定会成功，而是因为这是你的梦想。如果你这一生不曾为自己的梦想全力以赴，你的一生只能将就你不喜欢的工作，去过你不想过的生活，你会因此不快乐。你每天身在曹营心在汉，眼前的工作做不好，还觉得自己身后有退路——梦想那火还一息尚存，它会时不时地撩拨你、骚扰你，让你不得安生，让你不甘心。与其做别的工作三心二意，你还不如为梦想拼搏一把。

“坚持试个几年，成功了当然好，不成功也不会后悔。毕竟这种失败也有意义，至少会让你知道自己努力的极限在哪里——如果自己根本不是那块料，从此认命，只能好好工作。”

两年过去了，当我在QQ上遇到他，问道：“写作进行得如何？”

他淡淡地回答我，已经不写了。

结局如我所料。然而，即使时光倒流，他再问我一次，我仍然会一字不改地向他做同样的建议。

很多励志文章会写一些让人热血沸腾的成功故事，让你相信只要努力就会成功。我之所以写一个失败的例子，并不是要泼大家冷水，而是因为，我觉得在追求梦想的过程中，比打鸡血更重要的是：坦然面对努力会失败的风险，在清醒中做出选择，这也是对自己的人生负责。所以，你要不要选择坚持梦想，不用急着追问成功的概率有多大，重点在于你犯不犯得起这个错误。

如果你家里穷得叮当响，我不会鼓励你让你妈妈卖血供你去追求梦想；如果你一不工作，你儿子马上就没奶粉喝，你不该辞职去追求梦想。但是，如果你年轻，几年不工作也不会饿死，你为什么不去试试呢？

去做，大不了就是输，输了重新来过就好了。如果你将用漫长的一生去过自己不喜欢的生活，干吗那么着急呢？

成功属于有勇气的人，更属于输得起的人。完美的人生，从来不是不会犯错、不会跌倒。

总有一些事、一些人，值得我们去飞蛾扑火，即使只有万分之一成功的可能，即使最后可能得到一个失败的结果，但它也是值得的。比起那些一生不犯错、碌碌无为的人，同样平凡的我们，至少尝试过。

如果再有人问我一样的问题，我一定会反问他：“在你不会饿死的前提下，你愿意为梦想多走一段弯路，多受一些苦，多浪费几年时间，少赚一些钱，且有勇气去承担一次失败的可能吗？”是的，我愿意。

显摆，也要等风来了才行

有很多文章爱宣扬：“会花钱才会赚钱，存钱不如存技能。”

这种论调很受读者欢迎，因为世界上会花钱的人——“月光族”要远远多于会存钱的人。这种文章，可以适当让大家减轻一些乱花钱的内疚感。

有一次，我有位女友就兴冲冲地转发了一篇呼吁年轻人不要存钱的文章。作者在文中称，他不再抠抠搜搜地省钱以后，一年之后不仅没有比以前更穷，赚钱的能力反而大大提升了。

女友对我说：“我觉得他说的很对。”

我坚定地说：“不对。”

这种文章真是对小年轻儿的误导啊，我敢保证，如果每个月把所有钱花光光，欠了一屁股债，95％的人次月、次年只会过得更悲惨。

那种花了钱能变得更会赚钱的人，是因为他们原来就有能力，肯努力，且运气好。可是，把钱花光对大多数人来说，并不意味着能力、运气和努力程度就会因此而改变——你非要认为自己会是那5％的人，我也没办法。

“会花钱才会赚钱”这句话，在很大程度上被人们误读了。

有些读者认为，应该住更好的房子、下更贵的馆子、穿更高级的衣服，因为对物质的渴望与追求，会促使你对赚钱保有热情与动机。

是的，我承认做一件事动机很重要。然而，在赚钱这件事上，除了四大皆空的出家人，试问：谁会没有动机？只是大多数人空有动机，没有行动力，或者有行动力，却欠缺赚钱的能力、机遇和运气。

其实，我认为这里的“会花钱”应该是指擅长花钱，而不是指爱花钱。两者的区别，就比如会唱歌和爱唱歌，是完全不同的两码事。

什么是擅长花钱？就是把自己有限的钱进行科学合理的分配，投入回报率最高的地方。打个比方：比如近10年，把钱花在买一套房上就是擅长花钱。

事实上，当今很多人并不是不知道买房会赚钱，而是存钱的速度跟不上房价上涨的速度。

几天前，有位作者朋友跟我聊天，说他刚工作的时候，广州的房价一平方米1900元，可是他交不起几万块钱的首付，只能眼睁睁地和这样低廉的房价失之交臂。过了几年，当他存够了20万元的时候，首付变成了40万元；当他存够40万元的时候，首付变成100万元……

我真的很替他惋惜。房价一平方米1900元的时候，他的月薪大约是5000元，秒杀当时90%的白领。他说，没存下更多的钱是因为当年太追求生活品质。

现在，他已经算是有一定知名度且很努力的作者了，可是有什么用呢？10多年的勤奋工作加写作所得的收入，追不上北上广一套房的涨幅。

如果当初他愿意牺牲一点生活品质，多存一点钱，花钱的眼光准一点，也无须在今天说各种追悔了。

所以，会存钱才会赚钱。因为有足够的闲钱，你才能有准备地“等风来”，才能在下一次出现赚钱机遇的时候，气定神闲地进行投资。

再来说存钱不如存技能。存技能不是不对，只是我想说，如果你没有钱，你根本很难去学到让你赚到更多钱的技能。因为获得技能是需要代价的，是要用时间和金钱去换取的。

有一个网友给我留言说：“我很厌倦目前的工作，每天都是简单枯燥的忙碌，这份工作既不能让我学到东西，又不能让我赚到更多的钱，我该怎么办？”

我建议他利用业余时间多学一项技能，以便有资本跳槽，找到更好的工作。然而，他说：我每天工作十几个小时，回家洗个澡就下半夜了，连娱乐的时间都没有，更别说有时间去学习。

我很无语，我也不知道怎么办才好。

因为没有好技能，所以找不到好工作；因为找不到好工作，所以存不下钱；因为手里没钱，就不敢辞职不干；因为不敢辞职，就没有时间去学更好的技能。于是，生命陷入一个死循环。

所以，你会发现，没有钱就等于没时间，没钱没时间就很难学到什么新技能。

人人都知道存钱不如存技能，可是你说，这年头学什么能赚钱的技能不要钱？做俯卧撑吗？

对了，学英语、学烘焙之类是可以在家自学。可是，那些能够自学的技能，要么是在劳动市场上相对廉价，要么是你需要为此付出更多艰辛和时间，以走更多弯路为代价的。

这钱不该省啊！各位，存钱是会赚钱的起跑线。好好存钱吧！

不要急于否定一切

前段时间逛福州小猪网，看到头条帖子，是个外省小伙子连载的来榕日记，文笔尚可，最重要的是回帖很有人气。

小伙子在帖子里说，他来福州一周了，刚开始为了省钱没住旅店，住在网吧里。现在房子租好了，还没有被子，去超市看被子太贵，暂时没舍得买。

看到这里，我的同情心小小地泛滥了一下。鬼使神差，找到他的 QQ 加了他，我发的验证消息是：我可以送你一床毛毯，这样你就不要买垫背了！

事实上，我加他还是有私心的，我当时正在给自家论坛物色管理员，而他正在找工作。我想，或许论坛需要这样一个有文采、有人气，又有发帖热情的管理员，而这个文艺青年正好适合。

于是我加了他，开始和他聊起天来。

我问："你在找工作呀？"本来后半句是"或许我可以帮得上忙"，但出于谨慎，我只说了前半句。

他说："是啊！"

我接着问："那你以前做过什么工作？"

他说："做过桌球室的职业经理人，专门帮助濒临破产的桌球室起死回生。"

听起来很牛的样子，虽然我不了解这个职业，但是我脑海中瞬间浮现出以前看的TVB《酒店风云》里面，那个专门收购濒临破产的酒店，然后重整，赢利后售出的金融精英的形象。

原本想邀他共事的心微微退缩了一步，我好奇地问："你很厉害呀，那你来福州想找什么样的工作？"

"和我原来的职业类似的都可以，我能吃苦，最好是创业型的公司……"他一副踌躇满志的样子。

我深感佩服，这是个有理想、有抱负的青年，而我原来想给他提供的管理员职位，顿时感觉有些拿不出手。

结果，他又补充了一句："只要不是那种坐在办公室，吹着空调、盯着电脑喝茶的工作！"我被击倒了。

坐办公室里，盯着电脑、吹着空调、喝——我不幸四条全中。有一点小区别是，有的同事喝咖啡，有的同事喝可乐，我喝白开水……啊，面对恨不得开天辟地、胸口碎大石的热血青年，"老身"我自惭形秽，觉得上班喝水也是一种罪。

可是，坐在办公室里盯着电脑也很辛苦好不好？我们搞网络的，不盯着电脑事情就没办法做；不坐办公室里，难道要坐在大马路上？至于吹空调和喝茶都是生理需要好不好，为什么要将这些作为对一种职业鄙视的理由呢？

但是，我当时没想这么多，也没有反驳，继续表示对一个有志青年的尊敬，只是与他的聊天从抱着介绍一份工作给他的想法，到没有想法。于是，话题从我问他答，转为他问我答。

他问："你是做什么的？"

我告诉他，我在一家网站工作。

他接下来又问了一个问题：“你们网站什么背景？”

注意，他用的是“背景”一词。这让我很佩服他，因为 20 多岁的年轻人，已经深深明白背景远比工作本身重要。想我刚毕业的时候，啥也不懂，只会问招聘方我干一个月能挣多少钱，多么目光短浅啊！

然后，我稍微给他解答了一下。

他细细地问了很多，最后又认真地问：“那你们现在招不招员工？”

我说：“招聘。”

他一反常态地问我：“工资多少？有没有保险？什么职位？”

我看出他对此很感兴趣，但是，也只好如实告诉他：“有，但是这个工作不适合你。”

很快，他便问我为什么。

我慢吞吞地说：“因为我们招聘的正是……坐办公室里，盯着电脑、吹着空调、喝着茶的工作。”

他嬉笑着说：“那我也可以做啊……怎么样，我很适合的。”然后喋喋不休地向我推荐自己。我突然觉得索然无味。

我宁愿他继续鄙视我的工作方式，对我原来想给他推荐的职位嗤之以鼻。因为，我对他会喜欢这份工作这句话已经失去信任了。

所以，当你不了解自己或者别人的时候，就不要去急于否定一切。